管理職に贈る100のメッセージ

森 真一

税務経理協会

何か一つでも参考になることがあれば，著者として望外の幸せです。
　読者の皆様が「人間力」を高めて，大活躍されることを願ってやみません。

平成25年6月吉日
　　　　　　　　　株式会社ヒューマンパワー・リサーチ
　　　　　　　　　代表取締役社長　　　　森　真　一

管理職に贈る100のメッセージ　目次

はじめに

第一章（心）29話

【メッセージ 1】 管理職は「紳士であること」-------------------- 3
【メッセージ 2】 管理職は「誠実な人」-------------------------- 4
【メッセージ 3】 管理職は「人生観をもっている人」-------------- 5
【メッセージ 4】 管理職は「夢や目標をもっている人」------------ 6
【メッセージ 5】 管理職は「ユーモアがあって明るい人」---------- 7
【メッセージ 6】 管理職は「義理人情に厚い人」------------------ 8
【メッセージ 7】 管理職は「謙虚な人」-------------------------- 9
【メッセージ 8】 管理職は「何事にも動じない人」---------------- 10
【メッセージ 9】 管理職は「反省をする人」---------------------- 11
【メッセージ 10】 管理職は「温厚な人」-------------------------- 12
【メッセージ 11】 管理職は「好奇心旺盛な人」-------------------- 13
【メッセージ 12】 管理職は「礼儀正しい人」---------------------- 14
【メッセージ 13】 管理職は「感謝の心がある人」------------------ 15
【メッセージ 14】 管理職は「几帳面な人」------------------------ 16
【メッセージ 15】 管理職は「正義感と勇気のある人」-------------- 17
【メッセージ 16】 管理職は「優しく親切な人」-------------------- 18
【メッセージ 17】 管理職は「楽天的な人」------------------------ 19
【メッセージ 18】 管理職は「打たれ強い人」---------------------- 20
【メッセージ 19】 管理職は「信念のある人」---------------------- 21
【メッセージ 20】 管理職は「柔軟思考の人」---------------------- 22
【メッセージ 21】 管理職は「責任感のある人」-------------------- 23
【メッセージ 22】 管理職は「素直な心の人」---------------------- 24
【メッセージ 23】 管理職は「粘り強い人」------------------------ 25
【メッセージ 24】 管理職は「使命感のある人」-------------------- 26
【メッセージ 25】 管理職は「他人の成功を祝福できる人」---------- 27
【メッセージ 26】 管理職は「バイタリィティのある人」------------ 28
【メッセージ 27】 管理職は「空気の読める人」-------------------- 29
【メッセージ 28】 管理職は「親しみやすい人」-------------------- 30
【メッセージ 29】 管理職は「軸がぶれない人」-------------------- 31

管理職に贈る100のメッセージ　目次

第二章（技）19話

【メッセージ 30】 管理職は「ぐっすり眠れる人」---------------------- 35
【メッセージ 31】 管理職は「要約力のある人」------------------------ 36
【メッセージ 32】 管理職は「指導力のある人」------------------------ 37
【メッセージ 33】 管理職は「眼力のある人」-------------------------- 38
【メッセージ 34】 管理職は「知恵のある人」-------------------------- 39
【メッセージ 35】 管理職は「集中力のある人」------------------------ 40
【メッセージ 36】 管理職は「部下を叱れる人」------------------------ 41
【メッセージ 37】 管理職は「部下を褒められる人」-------------------- 42
【メッセージ 38】 管理職は「上司に可愛がられる人」------------------ 43
【メッセージ 39】 管理職は「交渉力のある人」------------------------ 44
【メッセージ 40】 管理職は「問題発見力のある人」-------------------- 45
【メッセージ 41】 管理職は「決断力のある人」------------------------ 46
【メッセージ 42】 管理職は「包容力のある人」------------------------ 47
【メッセージ 43】 管理職は「先見性のある人」------------------------ 48
【メッセージ 44】 管理職は「記憶力が良い人」------------------------ 49
【メッセージ 45】 管理職は「理解力のある人」------------------------ 50
【メッセージ 46】 管理職は「バランス感覚のある人」------------------ 51
【メッセージ 47】 管理職は「人望がある人」-------------------------- 52
【メッセージ 48】 管理職は「運の良い人」---------------------------- 53

第三章（体）3話

【メッセージ 49】 管理職は「健康に留意する人」---------------------- 57
【メッセージ 50】 管理職は「顔の色つやが良い人」-------------------- 58
【メッセージ 51】 管理職は「体力のある人」-------------------------- 59

第四章（印象）6話

【メッセージ 52】 管理職は「清潔感のある人」------------------------ 63
【メッセージ 53】 管理職は「オシャレな人」-------------------------- 64
【メッセージ 54】 管理職は「貧乏臭くない人」------------------------ 65
【メッセージ 55】 管理職は「貫禄のある人」-------------------------- 66
【メッセージ 56】 管理職は「自信に満ちた清々しい顔をした人」-- 67
【メッセージ 57】 管理職は「良い物を身につけている人」-------- 68

管理職に贈る100のメッセージ　目次

第五章（行動）31話

【メッセージ 58】 管理職は「美味しいものを食べる人」------------ 71
【メッセージ 59】 管理職は「早起きをする人」------------------------ 72
【メッセージ 60】 管理職は「時間に厳しい人」------------------------ 73
【メッセージ 61】 管理職は「家族を大事にする人」------------------ 74
【メッセージ 62】 管理職は「しっかりと準備ができる人」--------- 75
【メッセージ 63】 管理職は「スピードがある人」--------------------- 76
【メッセージ 64】 管理職は「書斎をもつ人」------------------------- 77
【メッセージ 65】 管理職は「定期的に運動をする人」--------------- 78
【メッセージ 66】 管理職は「大きな声で滑舌よく話す人」--------- 79
【メッセージ 67】 管理職は「お酒の場で失敗しない人」------------ 80
【メッセージ 68】 管理職は「食べ方がきれいな人」----------------- 81
【メッセージ 69】 管理職は「自腹を切っておごれる人」------------ 82
【メッセージ 70】 管理職は「行動力のある人」----------------------- 83
【メッセージ 71】 管理職は「趣味を楽しむ人」----------------------- 84
【メッセージ 72】 管理職は「お金の管理ができる人」--------------- 85
【メッセージ 73】 管理職は「食べるのが早い人」-------------------- 86
【メッセージ 74】 管理職は「姿勢の良い人」------------------------- 87
【メッセージ 75】 管理職は「後悔しない人」------------------------- 88
【メッセージ 76】 管理職は「口が堅い人」---------------------------- 89
【メッセージ 77】 管理職は「悪口を言わない人」-------------------- 90
【メッセージ 78】 管理職は「愚痴をこぼさない人」----------------- 91
【メッセージ 79】 管理職は「ゆっくり急いで速く歩く人」--------- 92
【メッセージ 80】 管理職は「ONとOFFの切り換えができる人」-- 93
【メッセージ 81】 管理職は「正々堂々と戦う人」-------------------- 94
【メッセージ 82】 管理職は「気配りができる人」-------------------- 95
【メッセージ 83】 管理職は「人に任せられる人」-------------------- 96
【メッセージ 84】 管理職は「詰めが甘くない人」-------------------- 97
【メッセージ 85】 管理職は「ポーカーフェイスができる人」-------- 98
【メッセージ 86】 管理職は「有給休暇を取る人」-------------------- 99
【メッセージ 87】 管理職は「努力する人」----------------------------- 100
【メッセージ 88】 管理職は「事実を確かめる人」------------------- 101

管理職に贈る100のメッセージ　目次

第六章（学び）8話

【メッセージ89】管理職は「読書家である人」---------------------- 105
【メッセージ90】管理職は「芸術に興味を持つ人」--------------- 106
【メッセージ91】管理職は「言葉づかいの勉強をする人」------- 107
【メッセージ92】管理職は「話し方の勉強をする人」------------- 108
【メッセージ93】管理職は「聴き方の勉強をする人」------------- 109
【メッセージ94】管理職は「書き方の勉強をする人」------------- 110
【メッセージ95】管理職は「プレゼンテーションの勉強をする人」-- 111
【メッセージ96】管理職は「他人から学ぶ姿勢のある人」------- 112

第七章（好み）4話

【メッセージ97】管理職は「マンガが好きな人」------------------ 115
【メッセージ98】管理職は「旅行が好きな人」--------------------- 116
【メッセージ99】管理職は「映画が好きな人」--------------------- 117
【メッセージ100】管理職は「博物館の好きな人」------------------ 118

おわりに

第一章

心

メッセージ 1 管理職は「紳士であること」

第一章 心

- あなたは，紳士ですか？
- どんなに仕事ができても紳士でない人はダメです。
- 部下をもち，会社を代表して取引先や顧客と折衝する場面が多いのが管理職です。
- 立ち居振る舞いや，言葉づかいを見られる立場であることを意識しましょう。
- 「紳士」とは，上品で，礼儀正しく，教養の高い，立派な男性のことです。
- 今から約30年前の話しになりますが，私は，大手消費者金融会社に入社して8か月後に回収専門の部署に転勤になりました。
- その部署では，はじめに「ビジネスマンは紳士たれ」という，いわゆるジェントルマンシップを叩き込まれました。
- ビジネスマンとして重要なのは，まず人間性であり，仕事のノウハウは二の次という指導方針だったのです。
- 管理職は，部下から尊敬されなければいけません。
- タバコのポイ捨てをしたり，道端につばを吐いたり，公共の場での非常識な振舞いも厳禁です。
- それから，酔っぱらって喧嘩もしないでください。
- さあ，今日から「紳士」になりましょう。

2 管理職は「誠実な人」 メッセージ

- あなたは，待ち合わせの時間に遅れたりしませんか？
- 約束は守りますか？
- 嘘はつきませんか？
- 何事も真面目に取り組んでいますか？
- 「誠実」とは，私利私欲をまじえず，真心をもって人や物事に対することです。
- 管理職は，誠実な人でなければいけません。
- 約束を守り，嘘をつかず何事にも真面目に取り組みましょう。
- 私は，待ち合わせをしたら約束の1時間前には現地に到着しています。
- そして，コーヒーを飲んで，ゆっくりと読書をして相手を待ちます。
- とにかく，余裕があるので気分が良く，ストレスが溜まりませんし，急ぐ必要がないので事故の危険も低くなります。
- 私にとっては，時間にゆとりをもつことが1番の精神安定剤になっています。
- それから，約束は絶対に守りますし，嘘もつきません。
- そもそも，守れないような約束はしません。
- また，何事にも真面目に取り組んでいることは，自信をもって言えます。
- 何しろ，私の数少ない取り柄が，誠実なことですからね。
- さあ，今日から誠実な人になりましょう。

メッセージ3 管理職は「人生観をもっている人」

第一章 心

- あなたは、どんな人生観をもっていますか？
- 私は3つの人生観をもっています。
- まず、1番目が「健康第一」です。
- 何より大事なのが、心身共に「健康」なことです。
- 1億円あげるから不治の病になって入院してくれと言われても、絶対に嫌ですね。
- いくらお金があっても健康でなければ幸せではありません。
- 食事制限をすることもなく、ご飯が美味しいと思えることが最高の幸せだと思います。
- 次に、2番目として「人生万事塞翁が馬」です。
- 有名な故事にあるように、人生は何が幸いするか、どのように展開していくかわからないものです。
- 失敗だと思っていたことが、チャンスのきっかけだったり、失恋したからこそ、もっと素敵な恋人に知り合えたりします。
- そして、3番目が「自分は生かされている」です。
- 大地震や災害によって、いつ死んでしまうかわかりません。
- 生きたくても生きられない人がいる中で「自分は生かされている」ことに感謝し、毎日を精一杯生きる責任を感じます。
- 人生観は物事の価値観であり、生きていく上で大変重要なものです。
- 管理職として、きちんとした人生観をもちましょう。

4 管理職は「夢や目標をもっている人」 メッセージ

- あなたは,夢や目標をもっていますか？
- 成功者は例外なく夢や目標をもっていた人です。
- 管理職になったら,ぜひ「夢や目標」をもちたいものですね。
- 人生七変化（へんげ）という言葉をご存じでしょうか。
- 元プロ野球巨人軍で,大リーガーも経験された松井秀喜さんも高校時代の恩師からこの言葉を教えられたそうです。

（人生七変化）
　「心が変われば,態度が変わる」
　「態度が変われば,行動が変わる」
　「行動が変われば,習慣が変わる」
　「習慣が変われば,人格が変わる」
　「人格が変われば,運命が変わる」
　「運命が変われば,人生が変わる」

- そして,心を変えるのに1番重要なのが夢や目標です。
- つまり,夢や目標があれば心を変えることができるので人生七変化を始めることができるわけです。
- あなたは,人生を変えたくないですか？
- もし,少しでも変化が欲しいなら夢や目標をもつことをおすすめします。
- さあ,今日から夢や目標をもちましょう。

メッセージ 5 管理職は「ユーモアがあって明るい人」

- あなたは、ユーモアがあって明るい人ですか？
- ユーモアがあると威厳がなくなって部下にバカにされてしまうのではないかと考えている人はいませんか。
- 職場の雰囲気は、管理職のキャラクターに左右されると言っても過言ではありません。
- 「笑う門には福が来る」の言葉のとおり笑い声がある職場にはラッキーが訪れます。
- 管理職は、ネクラではいけません。
- ユーモアがあって、ネアカの人が求められています。
- ネアカの人は物事をプラス思考で考えられるので積極的に行動することができます。
- やはり、行動すると幸運の女神も味方になってくれるのかラッキーが訪れます。
- 私も、よく冗談を言って部下を笑わせていますので明るい上司だと思われているみたいです。
- あなたは、ネクラの部下とネアカの部下のどちらが好きでしょうか？
- よほど変わった人は別として、ネクラの部下が好きな人はあまりいないと思います。
- だから、部下もきっとネアカの上司を好みますよね。
- さあ、今日からユーモアがあって明るい人になりましょう。

6 管理職は「義理人情に厚い人」

メッセージ

- あなたは，義理人情に厚い人ですか？
- 今どき，そんなの流行らないと思う人もいるかもしれません。
- 確かに，人との関係を大事にし，人に対する愛や責任感が人一倍強い人，あるいはそれらの尊さを日頃から強く主張する人が最近少なくなってきたような気がします。
- けれども，だからこそ，義理人情に厚い人には一目置きたくなるのは私だけでしょうか。
- 上司が失脚して権力を失うと，手の平を返したように近寄らない人もいますね。
- 自分の出世のための利害関係だけで付き合いをしていて，利用価値が無くなると挨拶すらしなくなり，新しいボスを探しているような，そんな小さな器しかなくて心が寂しくないのでしょうか。
- 失脚した時にこそ，受けた恩義を忘れず，人を裏切らない管理職でありたいものです。
- 因果応報にあるように，人にした行為は，必ず自分に返って来ます。
- だから，自分がされて嫌なことを人にしてはいけません。
- 損得ばかりを考えずに真心で人と付き合いたいですね。
- さあ，今日から義理人情に厚い人になりましょう。

メッセージ 7 管理職は「謙虚な人」

第一章 心

- あなたは，謙虚な人ですか？
- 社会的地位が高く成功している人ほど謙虚なものです。
- 「実るほど頭垂れる稲穂かな」の言葉にあるように，出世するほど頭を下げる謙虚さが大事になってきますね。
- これに対して，器量の小さい人ほど，少し偉くなると態度が横柄になり，傍若無人に振る舞います。
- こんな様子を見ていると，とても残念に感じます。
- せっかく仕事ができるのに，人間性に問題があることがネックとなって，更なる成長の機会を失っているのです。
- 自分は，まだまだ勉強不足と思う謙虚な姿勢が，多くの人々の共感を得ます。
- 管理職は，偉い人ではありません。
- たまたま任命されている役割としての地位に過ぎず，まだまだ勉強しなければならないことが山ほどあるはずです。
- どうか小さな成功に安住せずに志しを高くもってください。
- そして，器の大きい人になって欲しいものです。
- 昔からの日本人の美徳としても謙虚さは素晴らしいものです。
- 人は，謙虚さが無くなってきたときから支援者もいなくなり，成長が止まってしまいます。
- そうなってしまったら成功者にはなれません。
- さあ，今日から謙虚な人になりましょう。

8 管理職は「何事にも動じない人」

- あなたは、部下のミスやトラブルが発生した場合でも冷静でいられますか？
- 何事にも動じない管理職は、滅多にいません。
- それだけに、器量の大きさを切実に感じます。
- たいていは「なぜ、こんなミスをしたのか」と、意味のない過去質問をして、感情をぶつけた叱責を延々と続けています。
- 要するに、自己保身だけを考えているので監督責任を問われることを恐れているわけです。
- ミスやトラブルが発生した場合に、まずはじっくりと話しを聴き「起きてしまったことは仕方がない。これからどうするかを一緒に考えよう」と言える人を部下は尊敬します。
- 部下のミスは、上司である管理職の責任です。
- 小さな子供のいたずらが、親の責任になるのと同じことです。
- 管理職は、部下のミスやトラブルに腹をくくりましょう。
- 監督責任を問われたとしても、懲戒免職になるような悪いことをしていなければクビになることはありませんし、ましてや命まで取られることはありません。
- 不思議なもので、何事にも動じない人には幸運を引き寄せるパワーがあるみたいですから、ミスやトラブルが起きても自然に解決できてしまったりします。
- さあ、今日から何事にも動じない人になりましょう。

メッセージ 9 管理職は「反省をする人」

- あなたは，失敗したら反省をする人ですか？
- 誰にでも失敗はあります。
- 責任を問われた時に，間違っても逆ギレしたりしないでください。
- 「原因と結果の法則」というものがありますが，失敗という結果には，そうなる原因があったわけです。
- 失敗の原因を分析し，再発防止策を考えるのが管理職の仕事です。
- それと同時に失敗の原因について反省することがより大事なことです。
- 自分の責任を他人に転嫁するような人がいますが，そういう卑怯な真似は厳につつしむべきです。
- 管理職は，自分の不徳を素直に認めましょう。
- 過ちを認めて，きちんと反省できることが成長できる人の絶対条件です。
- 同じ過ちを犯さないために，何をどうすれば良いのかを必死に考えます
- 上司の反省する態度と再発防止策を考えている姿を部下は冷静に見ています。
- 部下の手本として恥ずかしくない行動を取りたいものですね。
- さあ，今日から反省をする人になりましょう。

10 管理職は「温厚な人」

メッセージ

- あなたは，温厚な人ですか？
- 管理職は，多忙を極めていますから比較的，短気で怒りやすい人が多いものです。
- けれども，あなたの上司が温厚な人だとしたら「報・連・相」がしやすくないですか。
- 当然，部下も自分の話しをじっくりと聴いてくれて，穏やかな人が好きなはずです。
- 大声を出して叱責する怖い上司に悪い報告（バッドニュース）を迅速にする部下はいません。
- いつも上司の顔色をうかがっているような，風通しの悪さが，硬直化した職場を作ります。
- こんな，ピリピリして，緊張した職場では，退職者も出るでしょうし，生産性があがるはずもありません。
- 管理職の性格の良し悪しによる影響力は計り知れません。
- 何より，短気な人はストレスが溜まりやすく，血圧も高めになりますから健康にも良くありませんね。
- 温厚であれば職場の風通しも良くなり健康状態も改善します。
- 私は，まったく怒ることがありませんから，かなり温厚な上司だと思います。
- おかげさまで，血圧も正常値で健康そのものです
- さあ，今日から温厚な人になりましょう。

メッセージ11 管理職は「好奇心旺盛な人」

- あなたは,好奇心旺盛な人ですか?
- 「好奇心」とは,珍しいことや未知のことなどに興味をもつ心です。
- 管理職として,新しい物や流行にも敏感でいたいものですね。
- 世の中は常に変化しています。
- 今までの成功体験が,まったく通用しなくなり,逆に足を引っ張ることもあります。
- いつのまにか時代遅れの考え方として置いてきぼりになってしまうかもしれません。
- 好奇心は,新しい発想のヒントになります。
- 最新の電化製品や話題のスポット,流行のファッションにも敏感になりましょう。
- 今まで以上に珍しいことや未知なことなどに興味をもちましょう。
- いつまでも若さを保てますし,話題も豊富なので部下とも話しがはずみ,職場の風通しが良くなります。
- そして,何より,グッドアイディアを思いつく絶好の機会となります。
- また,好奇心は,イノベーションを生むきっかけとなり,企業の発展には不可欠です。
- さあ,今日から好奇心旺盛な人になりましょう。

12 管理職は「礼儀正しい人」 メッセージ

- あなたは，礼儀正しい人ですか？
- 「礼儀正しい」とは，礼儀をわきまえており，態度がきちんとしていることです。
- 最近では，そういう人が少なくなってきたように感じます。
- また，「挨拶」は自分からしっかりしていますか？
- 誰に対しても分け隔てなく自分から「挨拶」している人は素敵ですね。
- 「挨拶」の「挨」には心を開くという意味があり，「拶」には相手に迫る・近づくという意味があります。
- つまり，「挨拶」とは，自分からすることに意味があり正しいことなのです。
- もしも，あなたが自分から行動せずに相手から来ることを待っている人だとしたら今日からは変わりましょう。
- 傍若無人に振る舞わず，自分から「挨拶」する「礼儀正しい人」には人望があり見ていて清々しい気分になるものです。
- 管理職が礼儀正しいと部下も尊敬して必ず真似をするようになります。
- 私にも経験がありますが，役職の高い人が自分から「挨拶」してくると思わず心服してしまいます。
- それくらい，礼儀正しい人には魅力があります。
- さあ，今日から礼儀正しい人になりましょう。

13 管理職は「感謝の心がある人」

メッセージ

第一章 心

- あなたは，感謝していますか？
- 「感謝」とは，ありがたいと思う気持ちを表すことです。
- 立派に育ててくれた「親」，美味しいご飯を作ってくれる「奥さん」，可愛い「子供」，いつも助けてくれる「友人」，電車やバスの「運転士さん」，朝早くから営業しているコンビニの「店員さん」，ゴミを回収してくれる「おじさん」，会社のトイレを掃除してくれる「おばさん」等，私たちの生活はみんなに支えられています。
- それから，「上司」，「部下」にも助けられていますね。
- そして，何より私の人生観でもある「生かされていること」
- 大地震や災害によって，いつ死んでしまうかわかりません。
- 「自分が生かされている」幸運に心からの感謝をしましょう。
- 感謝の心をもつと良いことを引き寄せることができます。
- また，いつまでも謙虚でいられます。
- 誰でも，感謝の心がある謙虚な人を助けたくなるものです。
- 人に何かをしてもらったら「ありがとうございます」，良いことがあったら「ありがたい感謝，感謝」と口ずさみましょう。
- 感謝の気持ちをはっきりと口に出して言うことが大事です。
- 私も，感謝の心について意識してから幸運を引き寄せているような気がします。
- さあ，今日から感謝の心がある人になりましょう。

14 管理職は「几帳面な人」

メッセージ

- あなたは，几帳面な人ですか？
- 「几帳面」とは，細かいところまで物事をきちんとおこない，決まりや約束にかなうように正確に処理することです。
- 管理職の仕事は「ズボラ」ではやっていけません。
- 本来の性格がズボラだったとしても几帳面さを演じましょう。
- まずは，きちんとメモを取りましょう。
- 「記憶」より「記録」です。
- 会議や面談でも，手帳にきちんと記録している人は信頼できて好感がもてます。
- 会議の資料などもきちんと整理して収納しましょう。
- きちんと「記録」と「整理」ができていることが管理職としての資質です。
- その人の財布の中身を見ると「几帳面な人」が一目瞭然でわかります。
- お札の向きがきちんと揃っていて，領収書やポイントカード等は，お札と一緒には入っていません。
- また，机の上がきれいで，引き出しの中が整理整頓されているのも特徴です。
- 余談ですが，お金持ちになりたければ長財布にお札の向きを揃えて入れると効果があるそうですね。
- さあ，今日から几帳面な人になりましょう。

15 管理職は「正義感と勇気のある人」

メッセージ

第一章 心

- あなたは，上司の不正を見逃しますか？
- 見て見ぬふりをする人，内部告発する人，直接上司に意見をする人など色々な選択肢がありますね。
- 管理職には，正義感と勇気が必要です。
- 「正義感」とは，不正を憎み正義を通そうとする気持ちです。
- 「勇気」とは，困難や危険を恐れない心です。
- 会社ぐるみの不正事件により潰れた会社もあります。
- サラリーマンは，上司の命令には逆らえず「会社のため」という言葉に弱いものです。
- けれども，不正が「会社のため」になるわけがありません。
- ですから，上司命令であっても絶対に関与してはいけません。
- 素直に命令に従わないために，左遷や降格になってしまう可能性もありますが，よほどのことが無い限り解雇されることはありません。
- 一時的に，辛い思いをすることも覚悟のうえで腹をくくりましょう。
- 覚悟があれば，冷静に対応することができますね。
- 悪いことはいつか必ず発覚します。
- その時に，正義感をもって勇気のある行動をとった人が賞賛されます。
- さあ，あなたも正義感と勇気のある人になりましょう。

16 管理職は「優しく親切な人」

- あなたは，優しく親切な人ですか？
- 「情けは人のためならず」の諺にもあるように，人への親切がいつか自分にも報いとなって返ってくるものです。
- 私は，知らない人によく道を聞かれます。
- どういうわけか，多いときで1日に3回，聞かれたこともあります。
- 誰かと一緒に歩いていても私に話しかけてくることが頻繁にあります。
- 先日，あるインターネットのサイトに「道を聞かれやすいタイプの人」についての特集がありました。
- たしか，「優しそうで，親切そうで，頼りになりそうなタイプ」の人が道を聞かれやすいとの結論だったと記憶しています。
- 私もそんなタイプの人に見られているのでしょうか。
- ある意味，管理職としての資質があるものと自負しています。管理職は，部下に対して，優しく親切に接してあげて欲しいものです。
- 自分がして欲しいことを相手にしてあげましょう。
- 上司が優しく親切な対応をしていると部下も見習います。
- 部下の人間性も磨かれてきますね。
- 人柄の良さがビジネスマンとしての最大の武器だと思います。
- さあ，今日から優しく親切な人になりましょう。

17 管理職は「楽天的な人」 メッセージ

- あなたは，物事を楽天的に考えますか？
- 「楽天的」とは，物事にくよくよしないで，いつも明るいほうに考えていくことです。
- 例えば，コップの中に水が半分入っている状況を想定してみてください。
- 「もう半分しかない」と思うか「まだ半分ある」と思うかによって考え方が違います。
- つまり，マイナス思考かプラス思考かということです。
- マイナス思考の人は，物事をくよくよ悩んで，いつも悪いほうに考えていきます。
- だから，行動力がなく，幸運を引き寄せることができません。
- 管理職は，楽天的なプラス思考であるべきです。
- プラス思考であれば挑戦する意欲がわいてきますので果敢に行動します。
- その結果として，幸運を引き寄せることに成功する確率が高くなります。
- もちろん，最悪の事態を想定することも重要であることは言うまでもありません。
- この場合の想定は，マイナス思考ではなくリスク対応と考えます。
- さあ，今日から楽天的な人になりましょう。

18 管理職は「打たれ強い人」

- あなたは、打たれ強い人ですか？
- 「打たれ強い」とは、簡単に崩れない精神的強さのことです。
- 最近の若い人などは、叱られたりすると見ていられない程にめげてしまう人もいます。
- 立ち直りがあまりにも遅いので周囲の人も心配します。
- 確かに、叱られたり、罵倒されたりして気分のいい人はいませんね。
- けれども、叱られるのも管理職の仕事です。
- 部下がミスをした場合も責任者として追及されます。
- だから、少しずつ打たれ強くなっていかなければとてもやっていけません。
- どんなに大きなミスをしても、悪いことをしなければ、クビにはなりません。
- せいぜい降格か左遷される程度で、ましてや、命まで取られるわけではありません。
- 覚悟さえできていれば平常心でいられるはずです。
- また、自分に自信がないと打たれ弱い人になってしまいます。
- 自分の力を信じて、あえて大きな声を出して、元気に頑張りましょう。
- 私も、管理職を20年以上経験していますから、かなり打たれ強くなりました。
- さあ、今日から打たれ強い人になりましょう。

メッセージ 19 管理職は「信念のある人」

- あなたは，どんな信念をおもちですか？
- 「信念」とは，正しいと信じる自分の考えのことですが，それを貫きとおすために軋轢が生じたり，頑固者と言われたりすることもあります。
- それでも，管理職になったら信念をもって行動するべきです。
- 誰もが無理だと言って反対することを絶対に成功すると信じてあきらめない人が本当の成功者です。
- 革新的な商品や，サービスは，どれも例外なく，キーマンとなる人の信念を貫きとおした結果として生まれたものばかりです。
- これだけは絶対に譲れない，妥協できないという「信念」を明確にすることが自分らしさであり他人との大きな差別化になります。
- 「信念のある人」は，独特の魅力をもった真のリーダーです。
- この魅力が大きな武器になり魂のこもった部下指導を実現させます。
- 私の信念は「現実に起きることに偶然はない。すべて必然でそれもベストなことが起きている」というものです。
- 現実に起きていることがすべて必然で，それもベストなことが起きているのであれば何も焦る必要などありません。
- ゆったりと構えていればいいわけです。
- さあ，今日から信念のある人になりましょう。

20 管理職は「柔軟思考の人」

- あなたは、頑固な人ですか？
- 頑固とは、かたくなで、なかなか自分の態度や考えを改めようとしないことです。
- これは、ある意味、信念をもっていることと重なる部分もありますから全面的な否定はできません。
- つまり、頑固と信念は紙一重のものと言えます。
- なんでも安易に妥協していたら革新的な商品やサービスは生まれません。
- けれども、管理職には、その場に応じた適切な判断ができて様々な状況に対応できる柔軟な思考も求められます。
- 自分のもっている本当の「信念」以外に関しては柔軟思考でいきたいものです。
- 特に、どうでもよいことはこだわらずに妥協しましょう。
- 小さいことに惑わされて大きな目的を見失ってしまっては元も子もありません。
- 環境の変化が激しく、臨機応変さが、ますます必要な時代となっています。
- 朝令暮改といえば方針などが絶えず変わって定まらないことから、悪い行動の代名詞となっていましたが、今の時代は必要であれば遠慮なく積極的に実行しましょう。
- さあ、今日から柔軟思考の人になりましょう。

21 管理職は「責任感のある人」

- あなたは，責任感のある人ですか？
- 管理職として嫌でも重い責任を担っていると思います。
- 「責任感」とは，自分の仕事や行為についての責任を果たそうとする気持ちです。
- この気持ちの強い人が，一般に責任感のある人と解されています。
- けれども「過ぎたるは及ばざるがごとし」と言われるように責任感があり過ぎてもいけません。
- やはり，物事には限度が大事であり，体を壊すような長時間労働の継続や，うつ病になるほど精神的に追い詰めてしまってはだめなのです。
- しかし，このコントロールがうまくできない人が沢山いることも周知の事実です。
- このような人は，最悪の場合「過労死」とか「自殺」の問題が起きる可能性もあります。
- いくら責任感があっても死んでしまったら元も子もありませんね。
- 企業を取り巻く経営環境は厳しさを増し，マネジメントの苦労も堪えません。
- けれども，管理職として，部下にも過剰な責任感を求めてはいけません。
- さあ，今日から適正な責任感のある人になりましょう。

メッセージ 22 管理職は「素直な心の人」

- あなたは，素直な心をもった人ですか？
- 松下電器の創業者で有名な松下幸之助さんの言葉にあるように「素直な心とは，寛容にして私心なき心。広く人の教えを受ける心。分を楽しむ心」です。
- 分を楽しむ心の「分」は分をわきまえると言われるように，自分の身の程や分際を承知して，「出過ぎたまねをしない。でしゃばった行動を控える」ことと解されます。
- 素直な心をもっていれば謙虚さを失わずにいられます。
- なぜなら，反省することができるからです。
- ところで，ビジネスマンとして1番伸びるのは，頭が良い優秀な人でしょうか。
- 実は，素直な心をもった人です。
- 管理職にとって「素直な心」は，かけがえのない資質です。
- もしかしたら，1番必要なものかもしれません。
- だからこそ，松下幸之助さんの含蓄のある言葉があるのでしょう。
- 私も，人の話しや教えに対しては，あれこれ考えずに，とにかく素直な心で受け止めます。
- 歪んだ心では幸運を引き寄せることはできません。
- それから，初心を忘れることなく行動することも重要です。
- さあ，今日から素直な心の人になりましょう。

メッセージ 23 管理職は「粘り強い人」

- あなたは、あきらめの早い人ですか？
- 管理職には、途中で投げ出さずに根気よく最後までやりとおす粘り強さが必要です。
- 一度や二度の失敗であきらめてしまったら成功することはできないでしょう。
- 成功の果実は、粘り強い人に与えられるものです。
- けれども、最近はあきらめの早い人が多いような気がします。
- 大きな問題にぶつかるとすぐに逃げ出してしまったり、いったん挫折を味わうと、もう一度やってみようとはせずに自分には無理だと片づけてしまったりします。
- こんなに簡単にあきらめてしまっていいのでしょうか。
- プライベートにおいても、私の若い頃の教訓では、高嶺の花と言えるような好きな人がいたら「押して、押して、押しまくれ」と言われたものです。
- それ位、粘り強くないと恋愛も成功しないというものでした。もっとも、最近ではあまりに粘り強いと、ストーカーと言われかねませんので注意が必要ですね。
- 先日、ある成功者に「成功の秘訣」について質問する機会がありました。
- 答えは大変シンプルなものであり「諦めないこと」だと言われました。
- さあ、今日から粘り強い人になりましょう。

24 管理職は「使命感のある人」

メッセージ

- あなたは，使命感をもって業務に取り組んでいますか？
- 使命感とは，自分に課せられた任務を果たそうとする気概であり，いわゆる「プロ意識」と呼ばれるものです。
- 誰でも，給料という報酬を得るからには，その仕事のプロであり「プロ意識」をもたなければいけませんね。
- 私の大好きなマンガに「ゴルゴ13」があります。
- これは「プロの殺し屋」について書かれたもので，読んだことのある人ならご存じだと思いますが，受けた仕事は99％以上の確率で必ず成功させます。
- 主人公は，まさに「プロ意識」のかたまりのような人物でとても勉強になります。
- 管理職は「管理のプロ」でなければいけません。
- プロとしての高い職業意識をもつことで，使命感をもって業務に取り組むことができるのです。
- そして，管理職が「管理のプロ」として求められる成果は，部下を育成することと，業績を向上させることです。
- 私は，部下の育成と業績の向上には少し自信があります。
- コールセンターのマネージャーをしていた時代には，営業キャンペーンで何度も優勝し，支店長時代にはトップクラスの業績をあげました。
- これは，強い部下を育成したからに他なりません。
- さあ，今日から使命感のある人になりましょう。

メッセージ 25 管理職は「他人の成功を祝福できる人」

- あなたは，他人の成功を祝福できる人ですか？
- 例えば，同期で入社した同僚が，出世して自分より上位の役職になったり，大きなプロジェクトを後輩が任されて成功したりした時に祝福できますか？
- 内心では面白くないかもしれません。
- 自分の心に余裕が無く，満たされていないと他人の成功を祝福するのは難しいでしょう。
- けれども，素直に他人の成功を祝福できるような器の大きな人間になれば巡り巡って自分の人生を豊かにする幸運がやってきます。
- つまり，他人の成功を祝福することは，自分の成功を祝福していることになるのです。
- 管理職は，他人が自分よりすぐれている状態であることを，うらやましく思って憎み，妬ましく思うような歪んだ心の人間ではいけません。
- もっと寛大な心をもった器の大きな人間になって欲しいものですね。
- 男の嫉妬というのも非常に怖いものです。
- 間違っても，成功者を陥れるような行動は慎んでください。
- さあ，今日から他人の成功を祝福できる人になりましょう。

26 管理職は「バイタリィティのある人」

- あなたは、バイタリィティのある人ですか？
- 「バイタリィティ」とは、いきいきとした生命力、活力、活気のことです。
- 管理職は、求心力を発揮して他人を引きつけ、その人を中心にやっていこうと思わせる人でなければいけません。
- 求心力を発揮させるために必要なのが、バイタリィティです。
- 元気のない人より、バイタリィティのある元気な人が好まれるものです。
- 物事をプラス思考で考えられる人も元気な人といえます。
- けれども、最近、元気のない人が多いように感じます。
- そう感じる理由としては、3つあります。
- まず、1番目に声が小さい。
- 次に、2番目として猫背で姿勢が悪く歩いている。
- そして、3番目に顔色が悪く疲れた表情をしている。
- 会社でも不況の影響からリストラが盛んに実施されています。
- このような環境では、元気が出ないのも無理のないことかもしれません。
- しかし、管理職は、求心力を発揮しなければならない選ばれた人です。
- さあ、今日からバイタリィティのある人になりましょう。

27 管理職は「空気の読める人」

- あなたは、空気の読める人ですか？
- あいつは、本当にKYなヤツ（空気の読めない）だという言葉を耳にします。
- その場の空気が読めないのはなぜでしょうか。
- 人の話しを真剣に聴いていなかったり、表情を観察していなかったり、自己中心的な考えを主張したり、様々な理由が考えられます。
- ただ一つ確実なのは、周囲の人の反応を意識することができないか、関心が無いことです。
- 会議でも、KYな発言が出ると、一気に場の雰囲気が白けてしまいますね。
- それでは、逆に「空気が読める」とはどういうことなのでしょうか。
- 辞書で調べてみると、「その場の雰囲気から状況を推察すること。特に、その場で自分が何をすべきか、すべきでないか、相手のして欲しいこと、して欲しくないことを憶測して判断すること」とあります。
- 管理職が、「空気の読める人」にならなければ、部下をリードできません。
- 結局のところ、コミュニケーション能力を高めることが近道かもしれません。
- さあ、今日から空気の読める人になりましょう。

28 管理職は「親しみやすい人」

- あなたは、親しみやすい人ですか？
- 管理職は、気位が高く、とっつきにくいタイプの人も沢山います。
- まだまだ、昔の名残で、管理職は偉い人であり、あえて親しみやすさを抑制している人も見受けられます。
- あなたの上司は、親しみやすい人ですか？
- 何でも相談できる雰囲気をもった人のほうが良いとは思いませんか。
- 誰でも、ざっくばらんで、親しみやすい人を好みますよね。
- 今から、12年程前になりますが、私は、あるコールセンターでチームの責任者をしていました。
- そこでは、コミュニケーターと呼ばれる派遣社員とパート社員が約30人所属していました。
- 自分の方から、仕事のことやプライベートの話しを、時間の許す限り積極的にしました。
- 私のことを親しみやすい人と感じたのか、コミュニケーターからも色々なことで相談に来るようになりました。
- 親しみやすい人には、何でも相談できる雰囲気があります。
- 風通しの良い組織を作るなら管理職が「親しみやすい人」に変わる必要があります。
- さあ、今日から親しみやすい人になりましょう。

29 管理職は「軸がぶれない人」

- あなたは、軸がぶれない人ですか？
- 自分の軸をもっていて、ぶれない人は確固たる価値観をもっているものです。
- こんなエピソードがあります。
- 今から、12年程前、丁度コールセンターのチーム責任者をしていた時に希望退職の募集がありました。
- 退職の条件として提示された退職一時金は、通常の退職金にかなりの割増金をプラスしたもので、当時で約3,000万円程度は貰えることになっていました。
- 希望退職に応募するか、このまま勤務を続けていくかで対象年齢の社員は相当悩んでいました。
- 多くの社員が家族と相談する時間をくださいと、回答を保留していました。
- しかし、私は、まったく迷うことなく上司との1回目の個人面談で勤務を継続する希望を伝えました。
- この時に、上司から「軸がぶれない男」だねと言われたことが印象に残っています。
- 確かに約3,000万円の退職一時金は魅力的でした。
- けれども、当時の私は、担当している仕事が大好きで、新しい人生を始める気持ちにはなれませんでした。
- 管理職として、自分の軸をもっていて、ぶれない人には魅力があります。
- さあ、今日から軸がぶれない人になりましょう。

第二章

技

30 管理職は「ぐっすり眠れる人」

メッセージ

- あなたは，毎日ぐっすり眠れていますか？
- 睡眠時間はどれくらいですか？
- 管理職になったら，睡眠を大事にしましょう。
- 理想的な睡眠時間は約8時間と言われていますが，人によっては4時間程度の短眠でも問題ないようです。
- 要は，時間の長短より熟睡できているか否かの中身が重要ですね。
- 熟睡することで，昨日の嫌な出来事を忘れることができます。
- 毎日の睡眠も大事ですが，いつでも，どこでも眠れる精神的なタフさも重要な資質です。
- 眠りたいのに眠れないことは本当に辛いことです。
- うつ病等の心の病は，不眠症であることが，大きな原因の1つです。
- 私も，一時的に不眠症を経験しましたのでよくわかりますが，眠れないと生きる気力も無くなってきますから要注意です。
- どうしても，改善されなければ，診療内科できちんと相談して，薬を調剤してもらうのも有効な手段です。
- また，そこまで重症でなければ，難解な本を読んでいると眠くなりますので試していただくことをおすすめします。
- 良い仕事をするためには良い眠りが必要です。
- さあ，今日から睡眠にこだわりましょう。

第二章 技

31 管理職は「要約力のある人」

- あなたは、難しい話しを要領良くまとめるのが得意ですか？
- 管理職に求められる能力に要約力があります。
- 上司や部下に説明する場面を想像してください。
- 「つまり、一言で言うならこういうことです」と要約してわかりやすく説明すれば、あの人の話しはわかりやすいと評価はうなぎ昇りに上がりますね。
- また、相手の話しを聴いていて、「あなたの話しは、つまりこういうことですね」と要約するのもコミュニケーション能力として重要です。
- これは、コーチング理論の「傾聴」のスキルの中の「要約」のことです。
- 誰でも、難しい話しを要領よくまとめて簡単にしてくれる人が好きです。
- 元NHKキャスターでジャーナリストの池上彰さんは難しいニュースを実にわかりやすく説明してくれます。
- 話しを聴くだけで、誰にでも容易に理解できるのは、まさに、要約力の達人であり大人気なのも頷けます。
- 私も、家族の評価によると、難しい話しをわかりやすく説明するのが上手らしいので、これからは、「要約力がある人」と言わせてもらいます。
- さあ、今日から要約力のある人になりましょう。

32 管理職は「指導力のある人」

メッセージ

- あなたは, 部下指導が得意ですか？
- 管理職にとって部下指導は大変重要な仕事です。
- 太平洋戦争時の連合艦隊司令長官「山本五十六元帥」の部下指導に関する有名な言葉があります。
- 「やってみせ, 言って聞かせて, させてみて, 褒めてやらねば人は動かじ」
- つまり, ①手本を示す, ②説明する, ③実務をやらせる, ④上手くできたら褒める。
- このように指導しないと人は動かないと言っています。
- 太平洋戦争は, 今から約70年前に開戦しました。
- つまり, 約70年以上前から部下指導には, きちんとしたセオリーがあったわけです。
- 新入社員を「新人類」とか「宇宙人」とか呼びますが, いつの時代にもジェネレーションギャップはあります。
- 「最近の若い者は辛抱が足りない」とか「指示を待っているだけで自分から動かない」と嘆いている管理職の話しをよく耳にします。
- けれども, 悪いのは部下だけでしょうか。
- もしかしたら, 管理職の指導力にも問題があるのかもしれませんね。
- さあ, 今日から指導力のある人になりましょう。

第二章 技

33 管理職は「眼力のある人」

- あなたは、物事の善悪・真偽・成否などを見抜く能力がありますか？
- この能力を眼力といいます。
- 管理職は、判断しなければならない案件が沢山ありますから、物事の善悪・真偽・成否などを見抜く能力があると安心できますね。
- 眼力を磨くには、やはり人生経験が必要です。
- 人生における様々な経験により人間力が磨かれ、その一部である眼力も磨かれるのです。
- 人を見る目も鍛えなければいけません。
- 人に騙されたりするのは、自分が未熟な責任もあります。
- また、眼力には「めぢから」という意味もあります。
- その人の意志や内面の強さなどが現れているように感じさせる目の表情のことですが、仕事に対する気合が大きく影響します。
- 「めぢから」の強さは、人気のある芸能人には必要なもので魅力を増す武器になっています。
- 私の個人的な印象では女優の「黒木メイサさん」には独特のオーラのある「めぢから」の強さを感じます。
- 管理職にとっても「めぢから」は強いものでありたいですね。
- さあ、今日から眼力のある人になりましょう。

34 管理職は「知恵のある人」

メッセージ

- あなたは,仕事で良い知恵を出していますか？
- 「知識」と「知恵」の違いを説明できますか？
- 「知識」は学問などで覚えた内容で,「知恵」は経験により体得したやり方です。
- 例えば,お金でいえば「知識」が預金で「知恵」がその預金の使い方みたいなものですね。
- 会社で本当に必要なのは,「知識」ではなく「知恵」です。
- 一流大学を卒業した新入社員であれば「知識」だけなら豊富にあります。
- けれども,「知恵」が無いので仕事を進められません。
- ゆとり教育世代の若者であれば,「衣食住」が満たされて,情報も容易にインターネットから収集できます。
- 何でも満ち足りた生活をしていると「知恵」を生み出す機会がなくなります。
- だから,自分の頭で考えて行動する訓練が圧倒的に不足しており,いざとなるとまったく「知恵」を出せません。
- 会社の中で,最も「知恵」を必要とするのが管理職です。
- だから,経験豊富な管理職こそ「知恵」を生み出す人にならなければいけません。
- もっとも,「悪知恵」ばかりでは困りますね。
- さあ,今日から知恵のある人になりましょう。

第二章 技

35 管理職は「集中力のある人」

- あなたは，どれくらいの時間，集中力を維持できますか？
- 人間の集中力はおよそ90分が限度と言われています。
- つまり，90分に1回は休憩を取ってリフレッシュしないとダメだと言うことですね。
- また，90分の時間内であっても集中力が途切れてしまう時があります。
- 集中力が途切れてしまうと思わぬミスを発生させたりするので注意が必要です。
- 管理職にとって集中力をどうキープするかが大きなテーマとなります。
- スポーツの世界でもオリンピックでメダルを獲得する鍵は，集中力であり，そのためには，メンタルトレーニンが重要であると言われています。
- したがって，メンタルトレーニングも重要な要素ではないでしょうか。
- 体調が悪いと集中力も低下しますので健康管理を徹底することも基本でしょう。
- 結局，健康管理を徹底することで万全の体調を維持し，適度の休憩を取り，メンタルトレーニングをすることが集中力をキープする秘訣と言えます。
- さあ，今日から集中力のある人になりましょう。

メッセージ 36 管理職は「部下を叱れる人」

- あなたは，部下を叱れますか？
- 最近の管理職は，部下を叱れない人が多いという話しを耳にします。
- 「パワハラの問題」とか「若い社員」があまりに打たれ弱く，へこんでしまうので叱れないということもあるのでしょう。
- けれども，叱るのも管理職として大事な仕事です。
- 問題は叱り方だと思います。
- 私は，部下が大きなミスをした場合には本人も反省していますから厳しく叱りません。
- その変わり単純な不注意や何度も同じ過ちをした場合には厳しく叱ります。
- 叱る場所は，人前ではなく個室を使います。
- 「○○さんらしくないミスだね」とか，人格を尊重した言い方をします。
- また，なぜこんなミスをしたのかを追及する過去形の質問ではなく，これからどうしたら同じようなミスを発生させないと思うかを問う未来形の質問をします。
- 過去形の質問に対しては，どうしても言いわけをするだけです。
- 言いわけを聴いていても仕方ありませんね。
- ただし，ミスの原因を分析することを忘れてはいけません。
- さあ，今日から部下を叱れる人になりましょう。

第二章 技

37 管理職は「部下を褒められる人」

メッセージ

- あなたは，部下を褒めていますか？
- 誰でも，いくつになっても褒められると嬉しいものですね。
- 心理学でピグマリオン効果というのがあります。
- これは，アメリカのジョージ・ローゼンタール博士という教育心理学者が唱えた人間関係の仮説で「人は認め，期待すれば，期待した方向へ行くものである」というものです。
- 部下を褒めることで期待した方向に導くのが指導のあるべき姿ではないでしょうか。
- 私も部下をよく褒めます。
- コーチング理論の「承認」のスキルの中に，3つの褒めるメッセージがあります。
- まず，1番目にIメッセージですが，これは，「私」は感動したという言葉のように「私」に焦点を当てたメッセージです。
- 次に2番目としてYouメッセージがあります。
- これは，「あなた」は素晴らしいという言葉のように「あなた」に焦点を当てたメッセージです。
- そして，3番目にWeメッセージがあります。
- これは，「組織」に貢献したという言葉のように，「組織」に焦点を当てたメッセージです。
- この中で，Weメッセージが最大級の褒め言葉と言えます。
- 部下を褒めるのも管理職の大事な仕事です。
- さあ，今日から部下を褒められる人になりましょう。

38 管理職は「上司に可愛がられる人」

メッセージ

第二章 技

- あなたは，上司に可愛がられていますか？
- 「人たらし」という言葉をご存じでしょうか。
- 辞書で調べてみると「人をだますこと。また，その人」とあります。
- 「人たらし」として歴史上，有名な人物に豊臣秀吉がいます。
- 他人を味方につけるのが上手く，上司である織田信長の信頼を得て，出世街道まっしぐら，最後には天下人にまでなってしまいました。
- どうしたら相手の利益になって喜んでもらえるかを必死に考え，気配りしながら行動した結果だったと言えるでしょう。
- 「人たらし」の意味は「人をだますこと。また，その人」とあり悪い印象を受けますが，上司から可愛がられる資質には学ぶことが多いですね。
- サラリーマンは，上司に可愛がられて良い評価を受けることが出世の近道です。
- 秀吉のように上司に可愛がられれば，もしかしたら，社長になるのも夢ではないかもしれません。
- 私は，上司に可愛がられるのが苦手であまり出世することができませんでした。
- もう少し，「人たらし」を勉強する必要がありましたね。
- さあ，今日から上司に可愛がられる人になりましょう。

39 管理職は「交渉力のある人」

- あなたは，交渉が得意ですか？
- 管理職は，社内の他部門や取引先，顧客との交渉において出番が多いものです。
- 交渉力とは，特定の問題について相手と話し合い，妥協点をさぐりながら有利に決着できる能力です。
- 管理職にとって交渉力は大変重要であり，この能力のあるなしがその人の価値を決めると言っても過言ではありません。
- なぜなら，交際費等の予算の獲得や必要な要員の確保，営業目標の配分，取引先や顧客との価格決定，クレーム処理もあり，利害関係に直結する問題を取扱う能力だからです。
- もし，交渉力がなかったらどうなるでしょうか。
- 必要な予算も獲得できず，要員も確保できず，営業目標はきびしいもので，不利な価格で決定し，クレーム処理は失敗という最悪の結果を招きます。
- そうなってしまったときに，まわりから受ける評価を想像してみてください。
- 決して気分の良いものではないですよね。
- 交渉力を高めるには「ネゴシエーション研修」の受講が効果的です。
- やはり，きちんとした基本を学ぶと自信もついて対応が格段に良くなります。
- さあ，今日から交渉力のある人になりましょう。

メッセージ 40 管理職は「問題発見力のある人」

- あなたは,自分の会社の問題を発見していますか？
- 労働生産性の向上やリスク管理,ひいては利益の増大化を実現させるためには,管理職による問題発見力が大きな鍵を握っています。
- 問題発見力を身につけるには,困っていることを探し,常識を疑う心をもって質問力を高めることが重要です。
- 五感(ごかん)である視覚,聴覚,触覚,味覚,嗅覚を研ぎ澄ましてゼロベースで考えることも必要だと思います。
- 問題発見力で頭に浮かぶのが,トヨタ自動車の「カイゼン」です。
- あまりに有名なのでご存じの方も多いと思いますが,生産現場で行われている作業の「ムリ」・「ムダ」・「ムラ」を徹底的に排除していくもので,製造業のお手本となっています。
- この「カイゼン」に見られるように問題発見力が果たす役割には計り知れないものがあります。
- 管理職は,自分の会社の問題点は何かを常に発見する努力を継続したいものです。
- いつもの職場で同じような仕事をしていると何も感じなくなってきます。
- だから,意識して取り組まなければ問題は発見できませんね。
- さあ,今日から問題発見力のある人になりましょう。

第二章 技

41 管理職は「決断力のある人」

- あなたは，決断力のある人ですか？
- ある意味で人生は決断の連続です。
- 入学，結婚，就職，家やクルマの購入など重大な決断の場面がありますね。
- 例えば，今日の昼食は何を食べるか？
- こんなことですら，優柔不断で決められない人もいます。
- 管理職にとって毎日の仕事が決断の連続です。
- 何かを決定しなければならないのが管理職の仕事であり，真価が問われるものです。
- 決断力を高めるためには，座学だけでは難しく経験と勘が大きな比重を占めます。
- そして，実際に決断をする時には迷うケースも多々あります。
- できるかぎりの情報を収集して正しい決断をする努力を惜しんではいけません。
- また，最大限の努力をしても決断に迷うケースがあります。
- 私は，このような場合には常識に従うようにしています。
- もっとも，常識を疑ってみることも忘れてはいません。
- 世の中は物凄いスピードで変化しており昨日の「常識」が今日の「非常識」に変わる可能性もあります。
- 何が幸いするかわからず，以外な展開になることもあります。
- さあ，今日から決断力のある人になりましょう。

メッセージ 42 管理職は「包容力のある人」

- あなたは，包容力のある人ですか？
- 包容力とは，過ちや欠点なども含め相手のことを寛大に受け入れられる心の大きさです。
- つまり，度量の大きさのことですね。
- 管理職は，包容力があって度量の大きい人物でなければ本当の意味で部下がついていきません。
- けれども，包容力のある上司は滅多に見かけません。
- 私の約30年のビジネスマン人生でも，5人位しかいませんでした。
- それどころか，部下の過ちや欠点を容赦なく責めたてて，せっかくの有望な人材を潰してしまうような酷い上司もいるくらいです。
- 結局は，自分の保身を第一に考え，ミスによる監督責任をとりたくないだけで，部下を育成する責任については放棄しているとも言えます。
- 誰でも，包容力のある上司に大事に育てられたいですよね。
- 世の中，つまらないことにこだわる小さい人間が多いと感じます。
- 大きな器でどっしりと構えた包容力のあるリーダーが待望されますが，なかなかお目にかかれませんね。
- さあ，今日から包容力のある人になりましょう。

第二章 技

43 管理職は「先見性のある人」

メッセージ

- あなたは，先見性のある人ですか？
- 先見性とは，現状を正確に認識し，それをもとに将来を洞察することでビジョンを描くことです。
- つまり，将来の動きを予測し，有効な手段を考えられる能力のことですね。
- 少し前の日本のエレクトロニクス業界では，ソニーを筆頭に，先見性のあるリーダーが進取の精神をもって魅力的な製品を世に送り出していました。
- 最近では，この先見性のあるリーダーが減少しているように感じます。
- そのため，業績不振に陥り，会社存亡の危機に直面している超一流企業が目立ちます。
- 管理職にとっても，先見性はとても重要です。
- 現状を正確に認識し，それをもとに，将来を洞察することは難しいことかもしれません。
- ましてや，ビジョンを描くことはさらに難しいことでしょう。
- しかし，自分の仕事に誇りをもって，課題，問題点を洗い出し，これからの世の中の変化を予測し，自分の仕事がどうあるべきかを真剣に考えることで将来の姿が見えてきます。
- そして，自分なりのビジョンを描くことも可能になります。
- さあ，今日から先見性のある人になりましょう。

44 管理職は「記憶力が良い人」

メッセージ

- あなたは、人の顔と名前をすぐに覚えられますか？
- 世の中には、羨ましいほど記憶力の良い人がいますね。
- 管理職として、記憶力が良いことは大きな武器になります。
- 特に、人の顔と名前をすぐに覚えることができればコミュニケーションを取るうえで圧倒的に有利になります。
- 記憶力を高めるには、コツがあります。
- まず、おすすめなのが映像をイメージして記憶する方法です。
- 例えば、①鉛筆、②トマト、③黄色い帽子、④メガネ、⑤新幹線、⑥茶色い靴、⑦お金、⑧包帯、⑨おにぎり、⑩男性
- この10個を記憶してくださいと言われて、１つずつ覚えるとなかなか覚えられません。
- でも、映像をイメージする記憶法だと「新幹線」に乗った、「黄色い帽子」をかぶった「メガネ」の「男性」が「トマト」と「おにぎり」を食べながら「お金」に「鉛筆」で自分の名前を書いていた。
- しばらくすると、鉛筆を指にさしてしまったので、血が出て「茶色い靴」を汚してしまった。
- 傷の手当をするために「包帯」を巻いた。
- いかがでしょうか。映像をイメージすると早く覚えられて、忘れにくいと思いませんか。
- さあ、今日から記憶力が良い人になりましょう。

第二章 技

45 管理職は「理解力のある人」

- あなたは、相手の話す内容を正しくわかっていますか？
- 理解力とは、相手の話す内容や説明資料に書かれた図や表を正しくわかる力です。
- いわゆる頭の回転の速い人とは理解力の高いことを指します。
- 会議や説明会の出席が多い管理職にとって理解力があることは大事な資質です。
- 理解力があればこそ、的確な質問が可能になります。
- 1つ提案ですが、理解力を高めるために速聴をすることをおすすめします。
- 速聴は、話しをしているテープを通常の3倍から4倍のスピードで聴きます。
- 4倍速になると物凄い速さなので、最初はまったく聴き取れず宇宙人の言葉のようです。
- しかし、何度も聴いて慣れてくると少しずつ聴き取れるようになります。
- 4倍速が聴き取れるようになり、通常のスピードで聴いてみると、スローモーションのように遅く感じます。
- こうなると、普通に話しているスピードが遅く感じるので、話している内容がよく理解できるようになります。
- いかがでしょうか？
- もしかしたら、速聴で人生が変わるかもしれませんね。
- さあ、今日から理解力のある人になりましょう。

46 管理職は「バランス感覚のある人」

- あなたは，バランス感覚のある人ですか？
- 管理職のバランス感覚は，「心」・「技」・「体」で考えます。
- 「心」は人間的魅力としての「基本の心がけ」のことであり，「技」は能力としての「スキル」，「体」が，「体力・健康」を指します。
- 本書の構成は，この管理職としてのバランス感覚に基づいて考えました。
- 管理職になるような人はビジネススキルにおいては既に合格点がもらえるはずです。
- しかし，現在のように経営環境が厳しく，多様な価値観をもった人材をマネジメントしていくためには，ビジネススキルだけでは部下を指導して成果を上げることはできません。
- ここで重要なのが，「人間力」です。
- 最終的に「心」・「技」・「体」を習得すれば，人間的魅力である「人間力」を高めることができて管理職としてのバランス感覚をもつことができます。
- バランス感覚をもった管理職であれば，部下を正しい手段で正しい方向に導き成果を上げることができます。
- 私は，「人間力」についての研究をライフワークにしていますから有効な提言ができるものと自負しています。
- さあ，今日からバランス感覚のある人になりましょう。

47 管理職は「人望がある人」 — メッセージ

- あなたは人望がありますか？
- 人望とは，世間の多くの人々がその人に寄せる「尊敬・信頼」または期待の心です。
- まさに，人間的な魅力そのものですね。
- 人望がある人で有名なのが三国志の主人公である劉備玄徳でしょう。
- 金も力も無く，あるのは人望だけで関羽や張飛を心服させ，三顧の礼をもって諸葛孔明を軍師に迎え入れて，蜀の国を建国して皇帝につきました。
- 人望によって成功者になった好例と言えるでしょう。
- 管理職には，人望が必要です。
- この人のためなら命がけで仕事ができるとか，この人にずっとついていきたいと思わせる力があったらどれだけマネジメントが楽でしょうか。
- 何しろ，心服していますから素直に指示は聴きますし，高いモチベーションを維持して素晴らしい成果をあげてくれます。
- 極端な話し，何も指示をしなくても勝手に働いてくれますから究極のパワーと言えますね。
- やる気のない部下を指導していることから考えたら天と地の差です。
- さあ，今日から人望のある人になりましょう。

48 管理職は「運の良い人」

- あなたは、運の良い人ですか？
- 松下電器の創業者で有名な松下幸之助さんは、採用の際には運の良い人を採用基準に入れていたそうです。
- 具体的には、面接で「あなたは運の良い人ですか？」と聴いていたそうです。
- 能力に差がないのなら、運の良い人が会社にも幸運を招くと考えたのでしょう。
- 「人事を尽くして天命を待つ」という言葉にもあるように、人として最善の努力をし尽くした上であとは天命にまかせる。
- この天命において幸運を引き寄せられるのが「運の良い人」ではないでしょうか。
- 「運も実力の内」と言われるように運の良い人は実力もある人です。
- 見えない所で最善の努力をしているものです。
- だから、管理職として最善の努力を継続すれば、実力がつき、幸運を引き寄せることができるはずです。
- 私は、「人の運」は限りがあるものだと思っています。
- 人生において、幼少の頃に辛い経験をした人には大人になってから幸運が来ます。
- また、幼少の頃に贅沢三昧の経験をした人には大人になってから不運が来たりします。
- さあ、今日から運の良い人になりましょう。

第三章

体

49 管理職は「健康に留意する人」

メッセージ

- あなたは，健康に自信がありますか？
- 「健康」とは，心身がすこやかな状態であることを言います。
- つまり，「心と身」がすこやかな状態でなければいけません。
- どんなに仕事ができても病気では企業戦士として戦えません。
- 出世競争でも健康な人が最後に勝利をつかみます。
- 栄養バランスの取れた食事，定期的な運動，温度調節による健康管理は管理職としての最低限の義務です。
- 私の人生観でも筆頭は「健康第一」であり何よりも重要なテーマです。
- 私は，本当に幸せなことに体が丈夫で，すこぶる元気です。
- 五体満足で生まれてきて，大病もすることなく，もう10年近く風邪もひきません。
- これは，丈夫な体に生んでくれた両親と健康管理をしてくれている妻に心から感謝したいと思っています。
- 世の中には病気で苦しんでいる人が沢山います。
- もっとも気の毒なのが，生まれつき病気で苦しんでいる赤ちゃんです。
- 私にも子供がいますから身につまされる思いですね。
- 健康であれば，何でも挑戦することができます。
- さあ，今日から健康に留意する人になりましょう。

第三章 体

50 管理職は「顔の色つやが良い人」

- あなたは，顔の色つやが良いですか？
- まず，健康であることが大前提で，十分な栄養と睡眠，気力が充実していると顔の色つやが良くなります。
- 見た目は，いかにも健康的で，パワフルな逞しい印象になります。
- 管理職は，顔の色つやが大事です。
- 取引先や顧客に見られることが多いので，いかにも運の良さそうな印象がツキを呼んでくれます。
- 顔色が悪く不健康そうな人はどこか陰気臭い印象を受けます。
- 特に，顔色が土色の人はどこか内臓に病気があるのではないかと心配になります。
- 上司の顔の色つやが良いと部下も安心して信頼できます。
- 誰でも，健康的な人の方が不健康そうな人より好感がもてますよね。
- 私も，顔の色つやには自信があります。
- そして，肌もきれいだとよく褒めていただけます。
- これも，健康で十分な栄養と睡眠，気力が充実していることと，毎日，朝のシャワーで洗顔をしている効果だと思います。
- 特に朝のシャワー洗顔は30年以上継続している習慣です。
- ヒゲ剃りをした後で，とても気持ちが良いものですね。
- さあ，あなたも顔の色つやの良い人になりましょう。

51 管理職は「体力のある人」

- あなたは、体力に自信がありますか？
- 年齢と共に確実に衰えてくるのが体力ですね。
- 駅の階段をのぼったら息切れしたとか、運動したら筋肉痛になったり、徹夜がきつく、疲れやすくなったりするものです。
- 体力とは、「筋力・心肺能力・運動能力」のことを指します。
- 管理職としてパワフルに仕事をこなすなら体力があることが絶対条件です。体力があるからこそ交渉ごとを有利に進めるための気力や、知識を学ぶ知力が強化できるわけです。
- リーダーの資質として「気力・体力・知力」の3つの力が大事だと言われています。
- 部下の数が10人までは、「体力」、100人までは、「気力」、1,000人までは、「知力」が必要だと言われます。
- だから、基本となる体力が無ければ始まらないのです。
- いくつになっても鍛えれば体力は維持できます。
- できる管理職になるために、早速鍛えないといけませんね。
- 私の体力を維持する方法は、駅のエスカレーターを使わずに階段を上り下りすることと、毎週土曜日のプール通いですね。
- また、時間があれば、マンション12階の自宅までエレベーターを使わずに階段を上り下りしています。
- 体力の衰えは足腰からであり特に気をつけています。
- さあ、今日から体力のある人になりましょう。

第四章

印象

52 管理職は「清潔感のある人」

- あなたは，清潔感がありますか？
- 多少，不細工な顔でも清潔感があれば印象は格段にアップします。
- 何しろ，女性がもっともきびしく観察している項目なのですから要注意ですね。
- 管理職にとって，清潔感があることは信頼を得るためにも大変重要です。
- 男性なら，ヘアースタイルを整え，ヒゲを剃り，爪を短く切り，鼻毛，耳毛も処理します。
- 洗顔もきちんとしましょう。
- もちろん歯磨きもしっかりしましょう。
- おすすめなのは，朝シャワーを浴びて，洗髪・洗顔・ヒゲ剃りをすると目が覚めて頭がスッキリし，清潔感が保てます。
- 下着，靴下，ハンカチも毎日取り換えます。
- ワイシャツは，アイロンの効いたパリッとしたものを着ましょう。
- スーツは，シワを伸ばし，ズボンにはきちんと折り目をつけて，靴はピカピカに磨かれたものを履きましょう。
- まずは身だしなみが完璧にできて一人前の管理職と言えます。
- さあ，今日から「清潔感」に磨きをかけましょう。

第四章　印象

53 管理職は「オシャレな人」

- 人は「見た目が9割」これ本当です。
- けれども，美男，美女は一握りしかいませんね。
- 誰でも意識すれば改善できるのが，「オシャレ」です。
- 部下社員・取引先・顧客から見られているのが管理職です。
- ヨレヨレのスーツやかかとの擦り切れた汚い靴，センスの悪いネクタイは厳禁です。
- 少々高額でも仕立ての良いスーツ，綺麗に磨かれた靴，そしてスーツとコーディネートされた品の良いネクタイをしてみてください。
- 上司が「オシャレ」でカッコイイと部下も嬉しいものです。
- しかし，残念なことですが，「オシャレ」に興味のある人が少ないような気がします。
- 私の約30年のビジネスマン人生でも，「オシャレ」な上司は2人しかいませんでした。
- いわゆる，ドブネズミルックと言われるような地味なスーツとネクタイが主流ですね。
- だからこそ，少し気をつければ他人との差別化がはかれるものです。
- 私は，約30年前の新入社員時代から「オシャレ」に関心がありましたので，かなりこだわりました。
- いつもスーツ1着の購入と同時にネクタイも3本買いました。
- さあ，今日から「オシャレな人」になりましょう。

54 管理職は「貧乏臭くない人」

- あなたは，貧乏臭い人ですか？
- 実際にお金持ちか貧乏かは問題ではありません。
- あまりに汚れていたり，壊れていたり，流行遅れのものを未練がましく使っている人を見ると失礼ながら，貧乏臭い雰囲気を感じてしまうのは私だけでしょうか。
- もしかしたら，思い出のある大事なものかもしれません。
- けれども，他人は見た目からしか判断できません。
- 毎日，昼食にカップラーメンしか食べていなかったり，火傷しそうなくらい短くなったタバコを吸っていたりすると，いかにも貧乏臭く見えてしまいます。
- 管理職として，貧乏臭いイメージをもたれることは損なことです。
- 特に取引先や顧客等の外部の人からも好感をもたれるとは思えませんね。
- 上司が貧乏臭いイメージで尊敬できますか？
- 私は，貧乏臭い上司を見ると自分にも貧乏神がついてきそうで尊敬できませんでした。
- また，そんな上司を外部の人に紹介するのが嫌でした。
- 部下は，何となく幸運を引き寄せるように思えるリッチな雰囲気の上司を好みます。
- さあ，今日から貧乏臭くない人になりましょう。

55 管理職は「貫禄のある人」

- あなたは,貫禄のある人ですか？
- 貫禄とは,体つきや態度などから感じる人間的重みや風格,身に備わった威厳を言います。
- また,太っている人も痩せている人に比べて「貫禄がある」と言われます。
- 体格の問題は別として,管理職は役職に相応しい貫禄が欲しいものです。
- 例えば,いかにも「部長らしく見える人」がいます。
- この「らしく」見えることが大事です。
- 人生の様々な経験に裏打ちされた自信が人間的重みや風格,身に備わった威厳をもつことになるのでしょう。
- 逆に,「らしく」見えない人もいます。
- つまり,人間的重みや風格,身に備わった威厳をまったくもち合わせていないわけです。
- 私は,このような人物を見ると「キャスティングミス」だなと密かに思います。
- そして,たいがいは分相応の役割に戻っていきます。
- やはり,人間力を磨き,それなりの経験が必要だと言えます。
- 部下は,役職に相応しい貫録のある上司が好きです。
- もっとも,貫録だけで中味が無いのも困りものですが……。
- さあ,今日から貫禄のある人になりましょう。

56 管理職は「自信に満ちた清々しい顔をした人」

- あなたは，自分の顔に自信がありますか？
- いわゆる「イケメンの美男子」というのではなく，「自信に満ちた清々しい顔」という意味です。
- 第16代アメリカ大統領リンカーンは「男は40歳を過ぎたら自分の顔に責任をもたなければならない」という有名な言葉を残しています。
- そして，閣僚の人選を顔で決めたという話しもあります。
- 顔にはその人の歩んできた様々な人生経験が，表情として如実に現れます。
- リンカーンのように幹部の人選を顔で決める経営者もいるかもしれませんね。
- いつも不機嫌で，怒ってばかりいると「いい顔」にはなりません。
- 人に優しく親切で，温厚な人柄で，紳士である人は，「いい顔」をしているものです。
- 管理職として自信に満ちた清々しい顔になりたいものですね。
- 上司の「顔」が良いと，不思議と部下の「顔」も良くなってくるものです。
- 余談ですが，社長の「人相」が良い会社は成長するという話しを聞いたことがあります。
- さあ，今日から良い仕事をして，人間力を高めて，自信に満ちた清々しい顔をした人になりましょう。

57 管理職は「良い物を身につけている人」

- 管理職になったら良い物を身につけましょう。
- 「スーツ，ワイシャツ，ネクタイ，ベルト，靴，鞄，時計，財布，名刺入れ，手帳，筆記具，傘」には，こだわりをもって欲しいものです。
- 特に，筆記具と傘は良い物をもっている人が少ないように感じます。
- 重要な商談や契約で100円のボールペンやビニール傘では何だかカッコ悪くないですか？
- 少し高級な筆記具，傘をぜひ購入したいものですね。
- 良い物は高価ですが，永く持ちますし，愛着が生まれます。
- そして，何より「やる気」が湧いてきます。
- 例えば，高級品で有名な「ゼニアのスーツ」は30万円程度するので購入は難しいと思いますが，一度着てみてください。
- その着心地の良さと軽さに驚きます。
- 少々無理しても，5年以上，余裕で着られる仕立ての良さなので購入する価値は十分あります。
- 私は，5年前に初めてゼニアのスーツを着た瞬間に，その素晴らしさに完全に圧倒されました。
- あの時の感動は今も忘れません。
- とにかく凄いのは「やる気」を3倍アップさせてくれる魔法の成功服だということです。
- さあ，今日から「良い物」を身につけましょう。

第五章

行動

58 管理職は「美味しいものを食べる人」

- 管理職になったら美味しいものを食べましょう。
- 有名な一流店での食事や老舗のお菓子も食べてみてください。
- 味覚が鋭くなりますし，どんなお店に行っても堂々とした振舞いができる度胸もつきます。
- また，当然に話題も豊富になりますね。
- 特におすすめしたいのが，天ぷらの「天一本店」と「とらや」の「ようかん」です。
- どちらも銀座にお店があります。
- ご存じの方も多いと思いますが，天ぷらの「天一本店」は外国のＶＩＰも必ず顔を出す名店です。
- コース料理で数万円はする高級店なので頻繁に通うわけにもいきませんが，伝統の美味しさに感動します。
- ぜひ，機会がありましたら一度は行ってみてください。
- 私は，今から24年前に婚約者（現在の妻）と「婚約指輪」を買いに行った帰りに初めて「天一本店」で食事をしました。
- カウンターで揚げたての天ぷらをいただき，食後のデザートは別室でいただきました。
- とにかく美味しくて感動しました。
- それから「とらや」の「ようかん」も初めて食べた時は感動しました。
- さあ，今日から美味しいものを食べましょう。

59 管理職は「早起きをする人」 メッセージ

- あなたの起床時間は何時ですか？
- 昔から「早起きは三文の得」と言われているように早起きすると幸運を引き寄せます。
- 管理職は，多忙なので帰宅時間が遅い人が多いと思います。
- 夜の時間は自分でコントロールするのが難しいと思いますが，朝，早起きすれば時間をコントロールできます。
- 私は毎朝５時に起床し，10分間瞑想して精神をリラックスさせ20分間読書をします。
- この30分間は何ものにも代えがたい貴重な時間です。
- 朝の清々しい時間をゆっくりと過ごし，生きていることに感謝します。
- そして，少し熱めのシャワーを浴びます。
- 目が覚めて頭もすっきりし，やる気がみなぎってきます。
- 時間に余裕があるのでストレスが溜まりません。
- 管理職になったら早起きすることをおすすめします。
- ぜひ，朝の時間をコントロールしてください。
- また，満員電車を避けた早朝出勤をしましょう。
- 誰にもじゃまされない早朝の１時間は，日中の３時間に匹敵するほど集中できる貴重な時間です。
- できるビジネスマンは朝の時間を有効に使っていますね。
- さあ，今日から早起きをする人になりましょう。

60 管理職は「時間に厳しい人」

- あなたは，時間に厳しい人ですか？
- 管理職になったら今まで以上に時間に厳しくなりましょう。
- 失ったお金は取り返せても失った時間は取り返せません。
- 時間は，最も貴重な資源です。
- 約束の時間に遅れたりすると他人の時間も無駄にしてしまいます。
- 「ジョージ・W・ブッシュ前アメリカ大統領」が会議に遅れた人を閉めだすというのは有名な話しで，閣議に1分遅れてもドアに鍵がかけられていたそうです。
- 会社の会議でも時間にルーズな人が多く，開始予定時間になっても参加者が集まらないことがあります。
- 自分の時間単価を考えたことがありますか？
- 年収800万円として，年間の勤務日数が約240日，1日の勤務時間が約8時間と考えると，日給で約33,000円，1時間で約4,100円になります。
- つまり，時間単価は約4,100円です。
- もしも，時給4,000円以上のパート社員がいたら1分でも無駄な時間を許さないはずですね。
- 管理職は，時間管理がきちんとできることが絶対条件です。
- 自分と部下のタイムマネジメントを真剣に考えましょう。
- さあ，今日から時間に厳しい人になりましょう。

第五章 行動

61 管理職は「家族を大事にする人」

- あなたは、家族サービスをしていますか？
- 管理職になったら今まで以上に家族を大事にしましょう。
- 結婚をしている人であれば、責任のある立場となることで、家庭を顧みなくなりコミュニケーション不足になってしまうことが予想されます。
- とにかく、話しをする機会を努めて作ってください。
- 休日はできる限り家族と行動してください。
- 誕生日やクリスマス、記念日は大事にしましょう。
- 一番身近にいる家族を大事にできなくて誰を大事にするのですか？
- 熟年離婚の原因はコミュニケーション不足が長期間累積したことです。
- また、素直で人柄の良い子供に育てたいなら夫婦円満で、色々な場所に遊びに連れて行き、とにかく褒めて期待していることを伝えましょう。
- メッセージ37でお伝えしたピグマリオン効果（人は認め、期待すれば期待した方向へ行くものである）が期待できます。
- タイムマネジメントを効率良く行い、無駄な残業をしないでできる限り早く帰宅しましょう。
- 家族との大切な時間を捻出する努力が必要ですね。
- さあ、今日から家族を大事にしましょう。

62 管理職は「しっかりと準備ができる人」

- あなたは、事前にしっかりと準備をしていますか？
- 明日の身支度の準備に始まり、会議の準備、プレゼンテーションの準備など沢山の準備が必要です。
- 行動を成功させるための大きなポイントは事前の準備です。
- 段取り8分というように成功の8割は事前準備にかかっています。
- これに対し、成り行きに任せた仕事をしている人を見かけることがあります。
- たまたまうまくいった経験が、いつまでも通用すると思い込んでいるのか事前準備をいいかげんにしています。
- その結果は、最後の最後で大きな「へま」をして大失敗に終わることが多いものです。
- どんな仕事でも、慣れてくることを1番警戒しなければいけません。
- 慣れてきて舐めてかかったときに大きな落とし穴があります。だから、準備を怠ることはできないのです。
- 管理職になったら今まで以上にしっかりと準備をしましょう。
- 私は、事前準備にかなりの時間をかけます。
- その仕事の成功を明確にイメージし、シナリオを作ります。
- 自分が納得する準備をした仕事はすべて成功しましたが、準備不足の仕事は必ずと言っていいほど失敗しました。
- さあ、今日からしっかりと準備ができる人になりましょう。

63 管理職は「スピードがある人」

- あなたは、スピードがある人ですか？
- 管理職は、報告書やレポート、企画書などの提出書類が多いものです。
- しかも、上司から突発的に仕事の依頼がありますね。
- こんな時は、完成度が低くてもスピードを重視する必要があります。
- とにかく、相手が驚くスピードで試作品を作り提出してみることをおすすめします。
- 提出した試作品をタタキ台として考えることでより完成度の高い仕事になります。
- その場合に「まだドラフト案ですが、こんなイメージでよろしいでしょうか」と指示を仰ぐように提出すると好感がもたれます。
- 上司も多忙であり指示したことに対して、何よりもレスポンスの速さを重視します。
- 世の中の動きは速く状況が急変することも日常茶飯事であり今まで以上に、よりスピードが求められます。
- 意思決定は、即断即決を基本とし、メールの返信、経費の精算、取引先や顧客への連絡等、ビジネスにおける行動はすべてスピード重視で実施したいですね。
- さあ、今日からスピードがある人になりましょう。

64 管理職は「書斎をもつ人」 メッセージ

- あなたは，書斎をもっていますか？
- 住宅事情が厳しく完全な個室の書斎は難しいかもしれません。
- それでも，ゆっくり読書をしたり，クラッシック音楽を聴いたり，自分の夢や目標を考えたり，人生計画を作成したり，趣味を楽しむためにもぜひ書斎が欲しいものです。
- 書斎をもつ1番のメリットは一人でゆっくり考える空間を得られることです。
- ほんの少しのスペースでも良いので机を置いてみましょう。
- 私は，子供が一人っ子だったこともあり結婚後の新居に書斎がありました。
- もう23年ほどになりますが，その時に買い揃えた机や本棚は今でも大事に使っています。
- 書斎があると読書をしたり，音楽を聴いたり，資格試験の勉強にも身が入ります。
- そして，やはり，一人でゆっくり考えることができたことが1番のメリットであると思いました。
- 管理職には，戦略を練るための作戦基地である書斎が絶対に必要です。
- 余談ですが，お父さんが書斎をもっている家の子供は読書好きになるという話しを聞いたことがあります。
- さあ，書斎をもつ人になりましょう。

第五章 行動

65 管理職は「定期的に運動をする人」

- あなたは，定期的に運動をしていますか？
- 運動するとストレスの発散と体力に大きく影響します。
- デスクワークの多いホワイトカラーは圧倒的に運動不足です。
- 意識的に運動をしないと，すぐに体重が増加し肥満になってしまいます。
- 私は，毎週土曜日にプールに行って水中ウォーキングとスイミングを楽しんでいます。
- この運動の習慣は，もう10年以上継続しています。
- きっかけは短期人間ドックで体重を減らすように指導されたことです。
- 初めは減量のために仕方なく運動をしていましたが，いつのまにか行かないと落ち着かなくなり今では趣味の１つになりました。
- 運動すると頭の回転が良くなり，リフレッシュできてストレスが発散されます。
- 明らかに記憶力が良くなることを実感できます。
- また，10年近く風邪もひかないくらい元気で，寒さに強く体力もあります。
- そして，何より体型が維持できてお気に入りのスーツもずっと着られています。
- さあ，今日から定期的に運動をしましょう。

66 管理職は「大きな声で滑舌よく話す人」　メッセージ

- あなたは，大きな声で滑舌よく話していますか？
- ぼそぼそと聞き取りにくい声で話す人が結構います。
- 役者でもセリフを聞き取りやすい発音で話す人と，そうでない人がいますね。
- きちんとした基本を学び，練習をしている人はやはり違うものです。
- 会社では大きな声で滑舌よく話す人が会議を支配しています。
- 管理職は，会議で発言する機会が多いですから気合で負けないためにも大きな声で堂々と滑舌良く話して欲しいものです。
- はっきりした話し声は，力強さと自信を感じます。
- 誰でも大きな声で滑舌よく話す人に好感をもちます。
- 上司が大きな声で滑舌よく話すと部下も真似をするようになります。
- ボイストレーニングや早口言葉を練習してみましょう。
- 私は，師匠である箱田忠昭先生の「プロ講師養成講座」で，声の大きさと滑舌よく話すコツを勉強しました。
- やはり，きちんとした指導を受けると格段に違ってくるものです。
- 今では，声の大きさと滑舌の良さをコントロールできるようになりました。
- さあ，今日から大きな声で滑舌よく話す人になりましょう。

第五章　行動

67 管理職は「お酒の場で失敗しない人」

- あなたは、お酒が好きですか？
- 下戸の人は参考に聞いてください。
- 酒癖の悪い人、特に酒乱は要注意です。
- お店で暴れたり、他の客と喧嘩したり、女性社員にセクハラしたりと手がつけられません。
- 私のビジネスマン生活においても、お酒で失敗して人生を棒に振った人を沢山みてきました。
- 管理職は「お酒の場で失敗しない人」でありたいものです。
- もしも管理職として、酒癖が悪いとしたら致命的な欠点です。
- どんなに仕事ができても酒癖が悪く、酒乱の人を歓迎するような人はいません。
- 酒癖が悪く、酒乱であることを自覚しているのであれば絶対に禁酒をしてください。
- お酒さえ飲まなければ、人格が変わることもないのですから失敗はしません。
- 私の昔の知人も普段はそれこそ、借りてきた猫のようにおとなしい人でしたが、酒が入ると人格が豹変し、店の外に停めてあったベンツを蹴飛ばしたりしていました。
- その筋の人のクルマだと一目でわかるので、今、思い出しても恐ろしいことです。
- さあ、今日から、酒乱なら禁酒をして、お酒の場で失敗しない人になりましょう。

68 管理職は「食べ方がきれいな人」

- あなたは，食べ方がきれいな人ですか？
- どんなに仕事ができる有能な社員でも一緒に食事をして，あまりに食べ方が汚いと不愉快な気分になります。
- また，マナーが非常識だったりすると引いてしまいますね。
- 管理職は，社内外での会食の機会が多いものです。
- あまりに下品な食べ方をしていると評価が下がってしまう可能性があります。
- 例えば，「口をあけて噛む。クチャクチャ音を立てる」こんな食べ方をしていると下品だと思われてしまいます。
- 特に，社外の人である取引先や顧客は，会社の代表としての管理職の品格を冷静に評価しています。
- 他人は，食べ方が汚くても注意をしてくれませんから，家族に指摘してもらうか，セルフチェックをする必要があります。
- 食べ方が汚いことが理由で評価が低いとしたらとても残念なことです。
- 「お里が知れる」という言葉がありますが，言葉や行動などで，その人の素性や育ちがわかるものです。
- 部下から心服されるためにも，改善すべき大きなポイントの1つではないでしょうか。
- 意識すれば，改善できます。
- さあ，今日から食べ方がきれいな人になりましょう。

第五章 行動

69 管理職は「自腹を切っておごれる人」

- あなたは，部下に自腹を切っておごっていますか？
- 年収も大幅ダウンして，とてもそんな余裕はないかもしれません。
- けれども，管理職の度量として，本当に頑張った部下や悩んでいる部下がいたら，たまには昼食でもご馳走してあげてください。
- また，美味しいお菓子の差し入れでもかまいません。
- そして，「惜しみない賞賛の言葉を伝える。親身になって話しを聴く」行動を実施してください。
- 部下は上司の使ったお金が，交際費なのか自腹なのかを鋭く見ているものです。
- 自腹を切ってお金を使ってくれる上司の心配りがうれしいものなのです。
- だから，値段の高いものでなくても良いのです。
- 本当に大事なのは，部下を思う気持ちです。
- 私も，今から約15年前に現場の支店長をしていた頃は，毎月2万円くらいは部下に自腹を切っておごっていました。
- 当時は部下が10人以上いましたので，ささやかなお菓子の差し入れや食事くらいしかご馳走できませんでしたが，できる限りのことはしたつもりです。
- さあ，今日から自腹を切っておごれる人になりましょう。

'70 管理職は「行動力のある人」

- あなたは，行動力がありますか？
- せっかく，研修を受講したり，読書したり，色々なことを学んでも行動を変えなければ何も変わりません。
- 例えば，好きな人がいたとしても思いを言葉で伝えなければ何も始まりません。
- つまり，行動力が人生を変化させるキーワードです。
- 管理職として行動力のある人は魅力があります。
- 何だかんだと理屈をつけて行動しない人も多い中で，とにかく走りながら考える行動力が大事です。
- 困難な問題も沢山ありますが，行動すれば必ず光が見えてきて応援してくれる人も出てきます。
- その結果として，幸運を引き寄せ物事を成功させます。
- しかし，行動力が無ければ昨日と何も変わりません。
- そうすると，会社も自分も成長できないので新しいチャンスもつかめません。
- 部下は行動力のある上司が好きなものです。
- 上司に行動力があると部下は真似をするようになります。
- 私は，書店で本を買うとすぐに近くの喫茶店で読みますし，好きな作家の出版記念サイン会にも行きます。
- とにかく関心のあることはすぐに調べて行動します。
- さあ，今日から行動力のある人になりましょう。

第五章 行動

'77 管理職は「趣味を楽しむ人」　メッセージ

- あなたの趣味はなんですか？
- 仕事が趣味と答える人も多いかもしれません。
- もし仕事が趣味といえるくらい好きなら幸せなことですね。
- けれども，心身共にリフレッシュし，奇抜なアイディアを思いつくには，仕事とは関係のない趣味をもつことをおすすめします。
- 例えば，釣りや，バンド活動，武道，座禅，スポーツ等もいいですね。
- 趣味をもつことのもう1つのメリットは会社以外の友人をもてることです。
- 会社人間のサラリーマンが，定年退職すると何も生きがいが無くなって途端に老け込みます。
- 管理職は，今の自分の器量を大きくするために新しい仲間と出会える趣味を見つけましょう。
- 趣味を楽しんでいる人は，イキイキとしていて人生を楽しんでいます。
- 人生を楽しんでいるゆとりが，人間的魅力を醸し出し，良い仕事をします。
- そして，第二の人生でも生きがいが約束されています。
- 私の趣味は，「芸術鑑賞，読書，ドライブ，水泳，釣り」です。
- いつも休みが待ち遠しいですね。
- さあ，今日から趣味を楽しむ人になりましょう。

'72 管理職は「お金の管理ができる人」

- あなたは、給料の管理をどうしていますか？
- 独身の人は別として、結婚してからずっと奥さんに任せきりで、お小遣いを貰っている人が多いと思います。
- 私は、結婚してから20年以上になりますが給料を自分で管理し、必要な生活費を妻に渡しています。
- だから、毎月の給料日には生活費を手渡しするので妻から感謝の言葉があります。
- 自分で稼いだお金を自分で管理し好きなものを買っています。
- ３着で約90万円したゼニアのスーツも独断で購入しました。
- 妻は別に驚きもせず、あなたの稼いだお金だから好きに使ってくださいと言ってくれました。
- お金の管理を奥さんに完全に支配されてしまっている人が多いような気がします。
- このため自分に投資することができない環境だと思います。
- けれども、もっとお金をかけて自分に投資しなければ器量の大きい人間にはなれません。
- 最近では、昼食代も１日500円のワンコインを通り越して、おにぎり２個で済ませているビジネスマンも多いと聞きます。収入が減少している現況ではそれも仕方がないのかもしれません。しかし、良い仕事をするには、それなりの元手も必要ではないでしょうか。
- さあ、あなたもお金の管理ができる人になりませんか。

73 管理職は「食べるのが早い人」

- あなたは、食べるのが早い人ですか？
- 健康上のことを考えると早食いはおすすめできません。
- けれども、周りを見まわすと出世している人はせっかちで例外なく早食いです。
- 上司と一緒に食事に行ったときに、ぐずぐず食べていたら、無能なヤツと評価されてしまうかもしれません。
- ある会社では、入社試験で、食事のスピードを採用基準にしているという話しを聞いたことがあります。
- 有能な社員は早食いが得意であるというのが、その会社の社長の考え方だそうです。
- 確かに、私の約30年のビジネスマン人生を思い出しても、食べるのが遅くて出世している人は見たことがありませんからこの法則は正しいのかもしれません。
- けれども、食事くらいはゆっくり時間をかけて味わいたいと思うのは私だけでしょうか。
- あまり無理をしない範囲で早食いにチャレンジしてください。
- そう言っている私も食べるのはかなり早い方だと思います。
- 家族で食事に行っても、私一人だけが、すぐに食べ終わってしまい妻と子供は、まだ当分終わりそうもないというような状態です。
- さあ、今日から食べるのが早い人になってみましょう。

74 管理職は「姿勢の良い人」 メッセージ

- あなたは，猫背で歩いたりしていませんか？
- ピンと背筋を伸ばした良い姿勢で歩きたいものです。
- 姿勢が良いと見た目が美しく，自信が感じられて立派です。
- それだけで，若々しく見えて印象が良くなり，評価される人になります。
- また，姿勢が良いと基礎代謝がアップするのでダイエット効果が期待できますし，内臓を圧迫から解放するので健康にも良い影響があります。
- 管理職が，猫背でいかにも自信がない姿勢で歩いていると見た目もカッコ悪く部下も心配ですね。
- 不思議なことに，良いスーツを着ると姿勢が格段に良くなります。
- 私も，ゼニアのスーツを着てからは見違えるほどに姿勢が良くなったと周囲の人に言われました。
- 特に意識して矯正したわけでもないのですが，本当に不思議です。
- 良いスーツには姿勢を良くしてくれる仕掛けがあるのかもしれません。
- ぜひ，良いスーツを着用されることをおすすめします。
- 特に中年以降は，役職に相応しいものを身につけたいですね。
- さあ，あなたも姿勢の良い人になりましょう。

第五章 行動

75 管理職は「後悔しない人」

- あなたは，過ぎ去った過去を後悔しますか？
- あの時，好きな人に告白すればよかったとか，もっと勉強しておけばよかったなどと誰でも後悔することがありますよね。
- 後悔するのは，行動しなかったことに対してではないでしょうか。
- やらないで後悔するくらいなら失敗してもいいから行動しましょう。
- 行動すると，不思議なことに幸運が引き寄せられて失敗がありません。
- 「過去と他人は変えられない。自分と未来は変えられる」との言葉にあるように，過ぎ去った過去を後悔しても仕方ありません。
- それよりも自分と未来を変えていきましょう。
- 私は，思い立った時にすぐに行動するようになってから後悔をしなくなりました。
- 映画が観たくなったらすぐに指定席の予約をしますし，食べたい物があったらすぐに食べに行きます。
- 今，この瞬間に感じたままに行動しています。
- 明日も生きている保証など誰にもありません。
- だから，やりたいことを全部やることをおすすめします。
- さあ，今日から後悔しない人になりましょう。

76 管理職は「口が堅い人」

- あなたは，口が堅い人ですか？
- 「ここだけの話しだけど……」という言葉をよく聞きます。
- 「ここだけ」といって，どれだけ同じ話しをしているのでしょうか。
- 重要な話しを聞くと誰かに話したいと思う衝動に駆られることは理解できますが，グッとこらえて我慢しましょう。
- 例年，人事異動の時期になると「うわさ」が飛び交います。
- 「うわさ」が出るのは誰か口の軽い人がいるからなのです。
- 「火の無い所に煙は立たない」の言葉のように多少でもその事実がなければ「うわさ」が立つはずがありません。
- 誰でも，やたらに人に言い散らさない「口が堅い人」を信用します。
- 重要な情報を耳にする機会があったら他言は無用です。
- 管理職の資質としても口が堅いことは絶対に必要なものです。
- 例えば，部下のプライバシーにかかわる情報を，あちこちで言いふらしているような人は，誰からも信用してもらえず，あげくの果てには相手にされなくなるでしょう。
- 重要な仕事を任されたいと思うのならば，社内での「口の堅い人」との評判が大事ですね
- 私も，重要なことは絶対に秘密を守りました。
- さあ，今日から口が堅い人になりましょう。

第五章 行動

'77 管理職は「悪口を言わない人」 メッセージ

- あなたは，他人の悪口を言いませんか？
- 女性のうわさ話しなどは，たいがい悪口が多いものです。
- 他人の悪口を言っていると，回りまわって，結局は自分に返ってきます。
- なぜ他人の悪口を言う人がいるのでしょうか。
- ここでは，悪口を言う人の心理として，7つ紹介したいと思います。
   ① 冗談で言う悪口
   ② 性格の違いから言う悪口
   ③ 負け犬の遠吠えとしての悪口
   ④ 自分と他人を比較する悪口
   ⑤ 自分の利益を得るための悪口
   ⑥ 人に勝つための悪口
   ⑦ 自分がその地位にとって変わるための悪口
- 結局，自分と他人を比較することが原因で悪口を言ってしまうようです。
- 悪口を言っていると心が貧しくなり，ツキに見放されてしまいます。
- 管理職は，悪口を言うような心が貧しい，ケチな真似はやめましょう。
- 悪口を言っているような上司を尊敬する部下はいませんよね。
- さあ，あなたも悪口を言わない人になりましょう。

メッセージ78 管理職は「愚痴をこぼさない人」

- あなたは、愚痴をこぼしますか？
- よく、赤ちょうちんでお酒を飲んで「愚痴」をこぼしているサラリーマンを見かけます。
- 嫌なことや、うまくいかないと、つい「愚痴」をこぼしたくなるものです。
- けれども、「愚痴」のようなネガティブな言葉を口にしているとツキが無くなり悪い運を引き寄せてしまいます。
- 「愚痴」とは、言ってもどうにもならないことを言って嘆くことです。
- つまり、言ってもどうにもならないことがわかっているのですからムダなことをしているわけです。
- 管理職は、「愚痴」をこぼすような効率の悪いムダな行動をしてはいけません。
- ましてや、ツキが無くなり、悪い運を引き寄せるのですから最悪です。
- 嫌なことやうまくいかない場合にはそうなる原因があります。
- 大事なのは、原因を冷静に分析して対策を考えることです。
- だから、「愚痴」をこぼしている暇などありませんね。
- 私はサラリーマンが愚痴をこぼしているのを聞くのが嫌なので赤ちょうちんには行きません。
- やはりお酒は楽しく飲みたいものですよね。
- さあ、今日から愚痴をこぼさない人になりましょう。

第五章 行動

79 管理職は「ゆっくり急いで速く歩く人」

- あなたは、せっかちな人ですか？
- 多忙な管理職で「のんびりとしている人」はあまり見かけません。
- 古代ローマの初代皇帝アウグストゥスの言葉に「ゆっくり急げ」があります。
- 「ゆっくり急げ」は、むやみに急いではいけない。だらだらしていてもいけない。
- 平常心を失わずに先を急ぐという心です。
- 管理職として心がけたい教訓ではないでしょうか。
- ところで、世界で一番歩くのが速い街という特集で、大阪の街を歩く人はとにかく速く、圧倒的に世界一という話しを聞きました。
- その速さたるや「ムービングウォーク」を転びそうなスピードで歩くとか。
- 「時は金なり」の言葉にあるように、時は貴重であるから無駄に過ごしてはならないことを実践しているのでしょうね。
- 管理職は歩くスピードが速い人であるべきです。
- 歩くスピードが速いと、きびきびした印象に見られます。
- ぜひ大阪の人を見習いましょう。
- さあ、今日からゆっくり急いで速く歩く人になりましょう。

80 管理職は「ONとOFFの切り換えができる人」

- あなたは，休日に仕事のことを考えていませんか？
- 仕事（ON）と休日（OFF）のスイッチを完全に切り替えられる人はまだ少ないように感じます。
- 10年程前に，元ソニーの会長兼ＣＥＯの出井伸之さんが書かれた「ONとOFF」という題名の本がありました。
- 「世界のソニー会長兼ＣＥＯ」の休日の過ごし方と仕事に対する熱い想いを語ったエッセーですが，スケールの大きな話しで，仕事と休日（ONとOFF）を完全に切り替えて人生を楽しんでいることに感銘を受けました。
- 私は，この本を読んだことがきっかけで「ONとOFF」を真剣に考えるようになりました。
- 今では休日（OFF）には仕事（ON）のことは一切考えず完全に忘れてしまいます。
- そのかわり，仕事（ON）の時は全身全霊を集中させます。
- メリハリをつけることで，それぞれが充実した時間になっています。
- あなたは，何のために仕事をしているのですか？
- 私は，休日（OFF）を充実させるためと答えます。
- さあ，今日からONとOFFの切り換えができる人になりましょう。

第五章 行動

81 管理職は「正々堂々と戦う人」

- あなたは,企業戦士として正々堂々と戦っていますか？
- 反則や卑怯な手段を使って目的を達成させる人がいます。
- しかし,目的さえ達成できればどんな手段を使ってもいいのでしょうか。
- スポーツの世界でもフェアプレイの精神が尊いものとされているように,ルールを守って公明正大に勝負をすることが求められます。
- 管理職は,結果がすべてという言葉もありますが,コンプライアンス経営が叫ばれている現状では法令を順守した正しいプロセスがより重要です。
- たった1つの反則が会社を潰してしまうこともあるのです。
- そうなったら取り返しがつきませんよね。
- 自分自身はもとより,部下にもフェアプレイの精神で行動することを指導しましょう。
- 部下に正しい戦い方を教えるのも管理職の仕事です。
- 何より,正々堂々と戦うことは清々しい気持ちがもてますし,誰に対しても恥じることがありません。
- 私が,現場の支店長をしていた時代にも営業キャンペーンがあると反則をしている支店がありました。
- 結局,後で反則が発覚して譴責処分になっていたものです。
- そうなってしまっては意味がありません。
- さあ,今日から正々堂々と戦う人になりましょう。

82 管理職は「気配りができる人」

- あなたは、気配りのできる人ですか？
- 気配りとは、あれこれ気を使ったり、手抜かりがないように注意したり、心づかいや配慮のことです。
- つまり、一流ホテルのようなサービス精神のことですね。
- 気配り名人というと「田中角栄元首相」や「竹下登元首相」が有名です。
- お二人とも最大派閥の領袖として、組織をまとめていくための気配りは見事なものであったと言われています。
- 取引先の接待や顧客の接客において、重要なポイントが気配りです。
- ところで、メッセージ38でお伝えした管理職は「上司に可愛がられる人」の中で、大変重要なキーワードである「人たらし」の話しをしましたが、これを成功させる最大の武器も気配りにつきます。
- 人は誰でも気配りをされて不愉快な気分になることはありませんよね。
- 見事な気配りをされると「やられたな」と感動するのでないでしょうか。
- 気配りも自分がこうして欲しいと思うことを人にしてあげることが基本となります。
- さあ、今日から気配りのできる人になりましょう。

第五章　行動

83 管理職は「人に任せられる人」

- あなたは,仕事を人に任せられますか？
- 何でも自分一人で抱え込んでしまう人を見受けます。
- 「自分でやった方が早い」,「人には任せられない」という理由があるみたいですね。
- 最近の管理職は,「プレーイングマネージャー」が主流ですから仕事を抱え込んでしまうことが増加しています。
- けれども,仕事を人に任せなければ管理職の使える時間は増加しません。
- そもそも,管理職がただの優秀なプレーヤーでは意味がありません。
- 部下の力を引き出すことで組織力を強化し,目標を達成させることが任務のはずです。
- 部下の力を引き出すためにはコーチとなり,組織力を強化するためには監督となる必要があります。
- だから,できるかぎりの実務は人に任せるべきなのです。
- 私は,自分が休んでもまったく平気な仕組み作りを念頭に置き,なるべく多くの仕事を部下に任せました。
- おかげで,毎月有給休暇が取得できますし,戦略を考える時間も増加しました。
- 持論では,管理職でなければできない仕事にこそ時間を使うべきだと思います。
- さあ,今日から人に任せられる人になりましょう。

84 管理職は「詰めが甘くない人」

- あなたは、最終段階まで緻密な仕事ができますか？
- 詰めが甘いとは、物事の最終段階での仕上げに緻密さが欠けていることを言います。
- つまり、最後の最後で「へま」をしてしまうことですね。
- 四字熟語の故事である画料点睛（がりょうてんせい）を欠くも、ほぼ同じ意味で、物事の最後や肝心な部分を完成させる前に大事な物を忘れて全体がダメになることを言います。
- 管理職として詰めが甘いとの評価を受けると致命的です。
- 最後の最後で「へま」をしてしまうとすべての苦労が台無しです。
- この対策はメッセージ「35」と「62」でお伝えした管理職は「集中力のある人」と管理職は「しっかりと準備ができる人」がポイントになります。
- つまり、準備に手抜かりがなく、最後まで気の緩みがなく、集中力をキープしていることができれば失敗することはありません。
- 私は、前述したとおり準備にはかなりの時間をかけています。
- そして、ここ一番の集中力を発揮するために、事前に瞑想の時間を取り邪念の心を取り払います。
- 頭をスッキリさせて全身全霊で物事に取り組みます。
- さあ、今日から詰めが甘くない人になりましょう。

第五章 行動

85 管理職は「ポーカーフェイスができる人」

- あなたは,動揺した心を悟られないように表情を変えない事ができますか？
- いわゆるポーカーフェイスを意識的にできることは管理職として必要なことです。
- 部下は,上司が動揺している様子を敏感に察知しているものです。
- 例えば,人事異動の内示を受けたとして昇格や栄転ならいいですが降格や左遷だった場合には誰でも動揺すると思います。
- こんな時に,動揺した心を悟られないように表情を変えない事を意識的にできる人は本当の管理職と言えます。
- ポーカーフェイスを意識的にできる人は,トップシークレットの重要案件を担当できる資質があります。
- これは,相当に肝が座った度胸がないとなかなかできる芸当ではありません。
- 私の上司でも過去に1人しかいませんでした。
- しかしながら,本当に必要な時にポーカーフェイスをするものであって,いつもそうだと「無表情な人」で,何を考えているのかわからないと勘違いされる可能性もありますから気をつけたいものですね。
- さあ,今日から必要な時にポーカーフェイスのできる人になりましょう。

86 管理職は「有給休暇を取る人」

メッセージ

- あなたは,有給休暇を取得できていますか?
- 「忙しくて休めない」,「評価が気になって休めない」,「他人の目があって休めない」という人が多いと思います。
- 確かに管理職は,多忙を極めており休暇を取りづらいのが実情です。
- そんな中でも,私は毎月有給休暇を取得しますので年間に最低でも12日は消化します。
- 管理職こそ有給休暇を積極的に取得するべきではないでしょうか。
- その理由は3つあります。
- 1番目に,リフレッシュすることでストレスを溜めず心の健康を保つ。
- 2番目に,管理職が休暇を取ることで部下も休暇を取りやすくなる。
- そして3番目に,管理職が休暇を取ることで部下に仕事を代行させる機会を作り成長させることができる。
- 私の持論では,特に3番目の「部下に仕事を代行させる機会を作る」ことが重要だと思います。
- 私自身,振り返ると,上司が休暇を取った日の代行業務をこなした経験が大きかったと感じます。
- 急に明日から管理職の仕事をしろといわれても困りますよね。
- さあ,今日から有給休暇を取る人になりましょう。

第五章 行動

87 管理職は「努力する人」 メッセージ

- あなたは，努力する人ですか？
- 天才でも無ければ，私たち凡人は努力するしかないですよね。
- 世界の王貞治さんの名言に「努力が報われないことなどあるだろうか。報われない努力があるとすれば，それはまだ努力とは呼べない」とあります。
- 世界一のホームラン王である王貞治さんの言葉だけに重みがありますね。
- 逆に言えば，本当の努力をすれば必ず報われるわけです。
- 「努力」とは，目標を掲げ，そこに到達するために心や身体を使ってつとめることですから，まず，明確な目標をもつことが前提条件になります。
- メッセージ４でもお伝えしたように管理職は「夢や目標をもっている人」であるべきです。
- そして，その夢や目標を実現させるために，たゆまぬ努力が必要になるのです。
- 私の持論では，努力が報われないのは努力の「量が足りていないか，やり方が間違っている」ものと考えます。
- 本当の努力をすれば報われるわけですから。
- 成功者はまぎれもなく努力の人です。
- 天才と呼ばれている人も見えないところで努力をしています。
- さあ，今日から努力する人になりましょう。

88 管理職は「事実を確かめる人」

- あなたは，うわさ話しに惑わされていませんか？
- 週刊誌のスキャンダル報道等は，事実無根であることも多いようです。
- 管理職は，うわさ話しを鵜呑みにせず事実を確認する人でありたいものです。
- 例えば，人事異動で転勤してくる部下のうわさ話しを聞いたとしても，先入観をもたずに実際に自分の目と耳で事実を確認したうえで評価をしていただきたいものです。
- その情報の根拠は何か，裏付けは取れたのかが重要です。
- 誤報に踊らされてせっかくの行動が徒労に終わるとしたら実にもったいないことですし，場合によっては，大きな失敗をして会社に損害を与えてしまう危険もあります。
- そうならないためにも，拙速にならず，一呼吸おいて事実確認をしてみることです。
- 警察が誤認逮捕を防ぐ目的で，慎重な捜査による証拠固めをするのと同じことですね。
- 私は，うわさ話しをまったく信じません。
- 参考情報としてインプットするだけで，徹底的に事実確認をします。
- 証拠固めをしたうえで最終的に判断します。
- さあ，今日から事実を確かめる人になりましょう。

第六章

学び

89 管理職は「読書家である人」

メッセージ

- 最近、読書をしていますか？
- 管理職になったら今までより読書をしましょう。
- 大抵のリーダー（Leader）はリーダー（Reader・本を読む人）であるという話しを聞いたことがあります。
- 専門分野の書籍やビジネス本も良いですが小説や伝記、歴史物を努めて読んでください。
- 小説を読むことで鋭い洞察力や想像力が磨かれます。
- 伝記や歴史物を読むことで人生観が固まってきます。
- あらゆるジャンルの本を大量に読むことで発想が豊かになります。
- 私は、歴史や経済の小説が好きで沢山読みました。
- 本格的に読書をするようになったのは約30年前からですが、今までで特に面白いと思った歴史小説が堺屋太一さんの書かれた「豊臣秀長ある補佐役の生涯」です。
- ぜひ一読をおすすめします。
- 考えてみると本ほど安くて勉強になるものは他にありません。
- 著者の人生経験や勉強した内容を僅か1,500円程度で知ることができるのですから。
- 1か月に1万円程度は読書に投資して欲しいものです。
- さあ、今日から本を買いましょう。

第六章 学び

90 管理職は「芸術に興味を持つ人」

- あなたは，芸術に興味がありますか？
- 管理職になったらクラッシック音楽や美術館等の芸術に興味を持ちましょう。
- 教養を高めることに大きな効果が期待できます。
- 「教養」とは，人間の精神を豊かにし，高等円満な人格を養い育てていく努力およびその成果をいいます。
- 「管理職は紳士であること」が重要であることは，メッセージ1でお伝えしました。
- そして，「紳士」とは，上品で，礼儀正しく，教養の高い，立派な男性のことでしたね。
- 上野の美術館では有名な絵画展が頻繁にありますし，クラッシックコンサートも各地で沢山開催されています。
- 多忙で，なかなか時間が取れないかもしれませんが，ぜひ1度，足を運んでみてください。
- 心が洗われるような気分になります。
- 私は，バイオリニストの川井郁子さんの大ファンでコンサートも何度か観に行きました。
- 情熱的なライブですごく感動しました。
- それから，美術館に行くのも大好きで上野にはよく足を運びます。
- さあ，今日から芸術に興味をもちましょう。

91 管理職は「言葉づかいの勉強をする人」

- あなたは，言葉づかいを意識していますか？
- 管理職になったら言葉づかいの勉強をしましょう。
- 例えば，目上の人に相談したい時には「お知恵を拝借したい」という言葉が好感をもたれます。
- また，訪問先ですっかり長居をした時に「お名残惜しい」という言葉が別れを惜しむ気持ちを表現してくれます。
- これらは，「言葉情け」と言われるもので，日本の良き伝統でした。
- 最近では，このような「言葉情け」があまり使われなくなってきました。
- その影響からか，人に思いやりをもって接することや，気配り，目配りが感じられない世の中になってきたような気がします。
- それでも，品性がにじみ出る言葉は数多くありますから日本の良き伝統を継承していきたいですね。
- 管理職として品性がにじみ出る言葉づかいを身につけたいものです。
- 私も，紳士的な言葉づかいを意識しています。
- 上司が，品性がにじみ出る言葉づかいを身につければ部下も真似をするものです。
- さあ，今日から言葉づかいの勉強をしましょう。

92 管理職は「話し方の勉強をする人」

- あなたは、人前で話すことが得意ですか？
- 人前で堂々とスピーチができたらいいですね。
- 管理職になったら話し方の勉強をすることが絶対に必要です。
- なぜなら、話し方によって評価が決まると言っても過言ではないからです。
- 話し方には、きちんとした基本ルールやスキルがあります。
- 我流でも上手な人はいますが、きちんとした勉強をした人とは、あきらかにレベルが違います。
- ですから、私の師匠で、日本一のカリスマ講師である箱田忠昭先生のセミナーを受講されることをおすすめします。
- セミナーを受講すると、まったく別人のようにスピーチが上手くなります。
- 私も、箱田先生の「プロ講師養成講座」で4日間学びました。
- 話し方についての理論を学び、実践訓練で鍛えましたが、「プロとアマ」では格段にレベルが違うものだと痛感しました。
- そして、講座を受講した後は、自信をもって人前でスピーチができるようになりました。
- 話し方の基本は平易な言葉で、親しい人と喫茶店でおしゃべりするように自然に会話することです。
- 慣れない言葉づかいをすると墓穴を掘って失敗します。
- さあ、今日から話し方の勉強をしましょう。

93 管理職は「聴き方の勉強をする人」 メッセージ

- あなたは，部下の話しを聴いていますか？
- 適切な聴き方をしていますか？
- コミュニケーション能力として，聴き方は大変重要です。
- 管理職になったら聴き方の勉強をしましょう。
- 部下の話しをきちんと聴くことができて，初めて一人前の管理職と言えます。
- 聴き方を本格的に勉強するなら「コーチング」を勉強することをおすすめします。
- できれば，3日間くらいの研修を受講し，理論をしっかり学ぶことが理想です。
- 「コーチング理論」の中に「傾聴」と呼ばれるものがありますが，この「傾聴」のスキルこそが，聴き方の基本となるものです。
- 自分の話しをしないでひたすら相手の話しを聴くことは訓練しないと難しいことかもしれません。
- だから，集合研修で実践訓練をする意味があります。
- また，「コーチング」を勉強すれば総合的なコミュニケーション能力も向上します。
- 管理職にとってコミュニケーション能力は，とても重要な資質です。
- さあ，今日から聴き方の勉強をしましょう。

第六章 学び

94 管理職は「書き方の勉強をする人」 メッセージ

- あなたは，報告書やレポートが得意ですか？
- 管理職は，毎日のように書く機会が多いものです。
- この，書く能力も評価項目として重視されていることをご存じでしょうか。
- 簡潔明瞭でわかりやすく，説得力のある報告書やレポートを作成したいものですね。
- 上手な書類を作成するには，ロジカルライティングの手法を中心に練習することをおすすめします。
- 書くためには，大量の読書による「知識とボキャブラリー」の蓄積も重要です。
- 管理職にとって書くためのスキルは絶対に必要です。
- 私も，管理職として数多くの「報告書，レポート，企画書，始末書，経緯書」などを書いてきました。
- はっきり言って，かなり「へま」をしました。
- ほとんどが，部下の不始末です。
- 何でも数をこなすと慣れてくるもので，今では割と速やかに作成できるようになりました。
- 以前，始末書の書き方が上手いと褒められたことがあります。
- けれども，始末書の書き方が上手くなる位，「へま」をしたかと思うと複雑な心境でした。
- さあ，今日から書き方の勉強をしましょう。

95 管理職は「プレゼンテーションの勉強をする人」

- あなたは、プレゼンテーションが得意ですか？
- アメリカのエグゼクティブに、「あなたが出世した理由は何ですか？」と質問したところ、約7割の人が「プレゼン能力が高かったから」と回答したそうです。
- それほど、管理職にとってプレゼンテーションは重要です。
- プレゼンテーションには、話し方と同じようにきちんとした基本ルールやスキルがあります。
- 我流でも上手な人はいますが、きちんとした勉強をした人とは、あきらかにレベルが違います。
- ですから、話し方と同じように、私の師匠で、日本一のカリスマ講師である箱田忠昭先生のセミナーを受講されることをおすすめします。
- セミナーを受講すると格段にプレゼンテーション能力が向上します。
- 私も、箱田先生の「プロ講師養成講座」で4日間学びました。
- プレゼンテーションについての理論を学び、実践訓練で鍛えましたが、「プロとアマ」では格段にレベルが違うものだと痛感しました。
- そして、講座を受講した後は、自信をもって人前でプレゼンテーションができるようになりました。
- さあ、今日からプレゼンテーションの勉強をしましょう。

第六章 学び

メッセージ 96 管理職は「他人から学ぶ姿勢のある人」

- あなたは，他人から学ぶ姿勢がありますか？
- 「我以外皆我師（われ以外は皆わが師）」，小説「宮本武蔵」で有名な作家の吉川英治氏の残した言葉です。
- つまり，自分以外の人，すべてから学ぶという意味です。
- 何とも謙虚で清々しい言葉ではありませんか。
- 他人には，その人だけの様々な経験や知識，知恵があります。
- どんな人にも良いところは必ずあるものです。
- また，「人のふり見て我がふり直せ」の諺にもあるように悪い行動でさえ学ぶ余地があります。
- 管理職として地位が上がると，だんだん他人から学ぶ姿勢が無くなってきます。
- 自分は偉くなったのだから，他人から学ぶ必要はもうないと勘違いをしてしまいます。
- だから，自分で意識しないと学ぶことはできません。
- 学ぶことをやめた途端に人間は成長が止まります。
- いつまでも学ぶ姿勢を忘れない管理職でありたいものです。
- 成功者と呼ばれる人達は，いくつになっても他人から学ぶことをやめません。
- その貪欲な程の勉強意欲と向上心はぜひとも見習うべきです。だからこそ，成功者になれたのですよね。
- さあ，今日から，他人から学ぶ姿勢のある人になりましょう。

第七章

好み

97 管理職は「マンガが好きな人」

- あなたは、マンガが好きですか？
- 活字の読書も大事ですが、マンガも面白くて大変勉強になります。
- 「三国志や史記」などの歴史物などは、マンガで読むと鮮明に記憶に残ります。
- 特に、日本のマンガはきちんと取材されており、専門の業界の話しが絵と言葉で説明されていてとてもレベルが高い印象を受けます。
- 企業の教育研修でも、もっとマンガを活用したら良いのではないかと思います。
- 私は、「ゴルゴ13」の大ファンで、もう15年以上愛読しています。
- 有名なマンガなので、説明の必要はないと思いますが、プロの殺し屋が世界中を飛び回り仕事をするという大変スケールの大きな作品です。
- 連載期間が約50年というのも驚きですよね。
- まとまった休暇が取れたときには、大学生の息子とマンガ喫茶に行き、1日中、マンガ三昧で時間をつぶしているような時もあります。
- マンガを読んでいると頭が休まり、リフレッシュできます。
- さあ、今日からマンガが好きな人になりましょう。

98 管理職は「旅行が好きな人」

- あなたは，旅行が好きですか？
- 知らない土地に出かけて温泉に浸かったり，美味しい物を食べたり，お酒を飲んだり，お土産を買ったりと楽しいですね。
- 私は，泊まりがけも好きですが，日帰りのバスツアーも大好きなので，妻と二人で沢山参加しました。
- 日帰りのバスツアーは，手頃な価格で有名な観光スポットに行けて，美味しい物を食べたり，お土産をもらえたりと，かなり工夫していますから楽しくてお得です。
- おすすめは，阪急交通社のバスツアーです。
- バスで目的地に運んでくれますから自分でクルマを運転しないので，お酒も飲めますし，居眠りも自由です。
- とてもリラックスできて気分も良くなります。
- 旅行に行くことで体験することが多く，見聞が広まり，話題が豊富になります。
- また，ツアーで御一緒した人と親しくなることもあります。
- そして，夫婦で行くと共通の趣味を楽しめるので円満になりますね。
- 旅行なんて，定年になってから行けば良いと思っている人も多いかもしれませんが，明日，生きていられる保証などありません。
- 今，この瞬間に楽しむことが大事ではないでしょうか。
- さあ，あなたも旅行が好きな人になりましょう。

99 管理職は「映画が好きな人」

- 最近映画を観ていますか？
- ＤＶＤではなくて，映画館に足を運んでいますか？
- 話題の映画はぜひ押さえておきたいですね。
- 映画館も昔と違って，今は指定席で予約が取れてゆっくり観られます。
- 私は，映画館の「ムービックス」がお気に入りです。
- この映画館は，自宅の近くにある「ショッピングセンター・アリオ」に入っています。
- とてもきれいな映画館で，インターネットによる指定席の予約ができて，ポイントも加算されます。
- このポイントがたまると無料で映画を観ることができます。
- いつも妻と二人でいきますが，「相棒シリーズ」や「海猿」は全部観ましたし，その他の話題の映画もほとんど観ています。
- 映画を観ることで感性が豊かになり，洞察力，創造力が高まります。
- 当然ながら話題も豊富になります。
- 気分転換になりストレスが発散されます。
- そして，夫婦で行くと共通の趣味を楽しめるので円満になります。
- このように感性が豊かになり，ストレスが発散できて夫婦関係も円満になるのですから行かない手はありませんよね。
- さあ，あなたも映画が好きな人になりましょう。

100 管理職は「博物館の好きな人」

メッセージ

- あなたは，博物館の見学が好きですか？
- 子供の頃の社会科見学以来，行ったことがないという人も多いでしょう。
- 私は，小学校低学年の頃から博物館が大好きで，「交通博物館」や「逓信総合博物館」に何度も行きました。
- そして，歴史も大好きなので，今は「江戸東京博物館」がお気に入りです。
- ここは，歴史が好きな人にはおすすめで，定期的に特別展示会を開催しています。
- 「ナポレオン展」や「モンゴル展」など興味のあるテーマは必ず行きます。
- また，幕張で毎年開催されている「恐竜博」や上野の森美術館で開催された「ツタンカーメン展」も行ってきました。
- 話題の催しなので大変混雑していますが，楽しくて，子供のように時間も忘れて夢中で観ています。
- 博物館の見学は，映画と同じように感性が豊かになり，話題も豊富になります。
- 歴史に触れることで，今，この瞬間に生きていることを体で感じられます。
- また，子供の頃の感覚とは違う新しい発見があります。
- さあ，あなたも博物館の好きな人になりましょう。

おわりに

　本書を最後まで読んでいただきありがとうございました。
　私の経験をもとに器量の大きな人間的魅力のある管理職になるためのヒントを提言させていただきました。
　企業を取り巻く経営環境は目まぐるしく変化し，超一流企業でも容赦ないリストラが実行されています。
　このような環境下で，一般的なビジネススキルだけに頼っていては多様な価値観をもった従業員をリードしていくことはできません。
　だからこそ，人間的魅力である「人間力」が大きな鍵を握っているのです。
　「人間力」を一言で説明すると「人徳」のことです。
　上司に「人徳」があると部下は心服し，物凄いモチベーションで大活躍してくれます。
　本書が，読者の皆様の「人間力」を高めるための一助になれたとしたら著者冥利に尽きます。
　最後に，本書の刊行にあたり温かく見守っていただいた税務経理協会の峯村　英治様に感謝申し上げます。
　陰ながら応援してくれた妻・優子，息子の祐樹にもお礼を述べたいと思います。
　本当にありがとうございました。

平成25年6月吉日
　　　　　　　　株式会社ヒューマンパワー・リサーチ
　　　　　　　　代表取締役社長　　　　森　真　一

著者略歴

森 真一（もり　しんいち）
株式会社ヒューマンパワー・リサーチ代表取締役社長

1963年埼玉県生まれ
1983年プロミス㈱入社。28歳で最年少支店長に就任
4店舗の支店長を歴任し，常にトップクラスの業績を残すことから「業績をあげる支店長」の名声を得る
2000年㈱モビットの設立に参画し，コールセンター営業マネージャーに就任。社内キャンペーンにおいて数々の優勝を経験することから「業績をあげるマネージャー」の名声を得る
2007年プロミスに戻り，市場開発推進部主幹に就任
2009年パル債権回収㈱リスク統括部次長に就任
2010年アビリオ債権回収㈱プライシング部次長に就任
2013年㈱ヒューマンパワー・リサーチを設立し，代表取締役社長に就任
20年を超える管理職経験をベースに「コーチング理論」と「人間力＝ヒューマンパワー」を融合させた独自の部下指導法である「森式　ヒューマンパワー・コーチング」を開発。セミナー，研修等を精力的に実施している。
著書に「管理職に贈る100のメッセージ（税務経理協会）」がある。

著者との契約により検印省略

平成25年6月25日　初版第1刷発行	管理職に贈る 100のメッセージ

著　者　森　　　真　一
発行者　大　坪　嘉　春
印刷所　税経印刷株式会社
製本所　株式会社　三森製本所

発行所　〒161-0033　東京都新宿区下落合2丁目5番13号　　株式会社　税務経理協会

振　替　00190-2-187408
ＦＡＸ　(03)3565-3391
電話　(03)3953-3301（編集部）
　　　(03)3953-3325（営業部）
URL　http://www.zeikei.co.jp/
乱丁・落丁の場合は，お取替えいたします。

© 森 真一 2013　　　　　　　　　　　　　　Printed in Japan

本書を無断で複写複製（コピー）することは，著作権法上の例外を除き，禁じられています。
本書をコピーされる場合は，事前に日本複製権センター（ＪＲＲＣ）の許諾を受けてください。

JRRC 〈http://www.jrrc.or.jp　eメール：info@jrrc.or.jp　電話：03-3401-2382〉

ISBN978-4-419-06010-7　C3034